辅导员核心职业能力"工具箱"系列丛书
◆丛书主编 张 哲 韩 磊 徐长文◆

"谈心有道"

辅导员谈心谈话工作实务

主编
张 哲
赵丽娜
姜铭奎

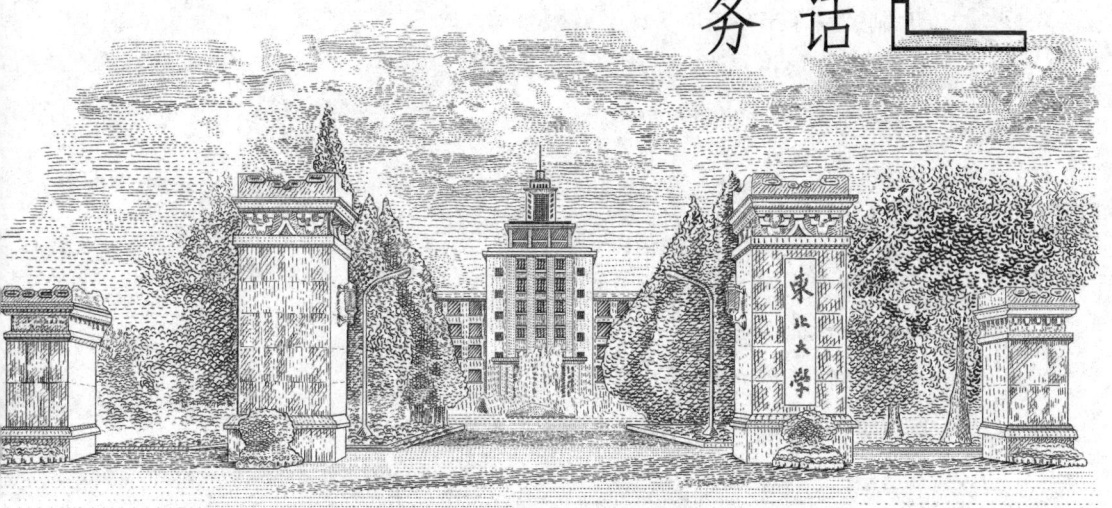

东北大学出版社
·沈阳·

ⓒ 张 哲 赵丽娜 姜铭奎 2024

图书在版编目(CIP)数据

"谈心有道":辅导员谈心谈话工作实务/张哲,赵丽娜,姜铭奎主编. -- 沈阳:东北大学出版社,2024.12 --(辅导员核心职业能力"工具箱"系列丛书). -- ISBN 978-7-5517-3746-3

Ⅰ.G645.1;G444

中国国家版本馆CIP数据核字第2025K7J660号

出 版 者:东北大学出版社
　　　　　地　址:沈阳市和平区文化路三号巷11号
　　　　　邮　编:110819
　　　　　电　话:024-83683655(总编室)
　　　　　　　　　024-83687331(营销部)
　　　　　网　址:http://press.neu.edu.cn
印 刷 者:辽宁一诺广告印务有限公司
发 行 者:东北大学出版社
幅面尺寸:170mm×240 mm
印　　张:12.5
字　　数:218千字
出版时间:2024年12月第1版
印刷时间:2025年4月第1次印刷
责任编辑:孙　锋
责任校对:薛璐璐
封面设计:潘正一
责任出版:初　茗

ISBN 978-7-5517-3746-3　　　　　　　　　定　价:56.00元

编委会

丛书主编： 张 哲　韩 磊　徐长文

本册主编： 张 哲　赵丽娜　姜铭奎

本册编委：（以姓氏笔画为序）

王泽燊　乔 琳　孙巍巍

张福堃　武 琳　郝 媛

姜 媛　高 歌　郭 娜

前 言

浇花浇根，育人育心。谈心谈话因直接面对学生、容易触动学生心灵而具有不可替代的育人功能，是发现和解决学生问题的"金钥匙"，是辅导员必备的看家本领。新时代，辅导员须强化对谈心谈话工作的认识，提高谈心谈话水平，做到一生一策、精准思政，不断提升思想政治教育的针对性和亲和力，打通思政育人"最后一公里"。

本书从高校辅导员谈心谈话概述、流程、规范、技巧、方法参考及各个案例等方面入手，介绍了谈心谈话的内涵、意义、作用、分类、原则、阶段等内容，重点介绍了第一时间必谈内容、谈心谈话误区、通用技巧、打破僵局的谈心谈话技巧等工作实操性内容，配以辅导员工作中常见的案例，采用边叙述边举例的方式，力求给广大辅导员以及教育工作者最全面、最细致的工作方法参考和借鉴。

本书是辅导员开展谈心谈话工作的指导性图书。在谈心谈话一般性内容的基础上，增加了破解谈心谈话难点的原创性内容（如打破僵局的谈心谈话技巧、常见问题谈心谈话方法参考等），以帮助辅导员在谈心谈话中破局，取得更好的工作成效。

本书由张哲、赵丽娜、姜铭奎担任主编，参与本书编写的有王泽燊、乔琳、孙巍巍、张福堃、武琳、郝媛、姜媛、高歌、郭娜（以姓氏笔画为序）等在高校从事多年辅导员工作和心理健康教育工作的教师。王泽燊、王铂钧、王维芳、王源瀛、甘霖、白岩、刘鹏霖、刘鹭鸣、李世鹏、李抒、李炳熠、杨光、沈鹤、张孟新、赵铭依、董磊（以姓氏笔画为序）为本书提供了谈心谈话案例。

期待本书能对辅导员谈心谈话工作有所帮助。受编者水平所限，本书还有很大的改进空间，如有不足和需要改进之处，恳请各位同人和读者朋友批评指正。

本书编委会

2024年10月

目 录

第一章 高校辅导员谈心谈话概述 ·········· 001
    一、高校辅导员谈心谈话简介 ·········· 001
    二、高校辅导员开展谈心谈话工作的意义 ·········· 003
    三、高校辅导员谈心谈话的作用 ·········· 004
    四、谈心谈话分类 ·········· 006
    五、谈心谈话原则 ·········· 008

第二章 谈心谈话流程 ·········· 011
    一、准备阶段——做好谈心谈话"预备功" ·········· 011
    二、实施阶段——把控谈心谈话"全链条" ·········· 013
    三、总结阶段——提升谈心谈话工作"延伸力" ·········· 021

第三章 谈心谈话规范 ·········· 031
    一、第一时间"十必谈" ·········· 031
    二、谈心谈话的误区 ·········· 036

第四章 谈心谈话技巧 ·········· 043
    一、通用技巧 ·········· 043
    二、打破僵局的谈心谈话技巧 ·········· 058

第五章 针对常见问题开展谈心谈话方法参考 ·········· 077
    一、如何与有思想问题的学生谈心谈话 ·········· 077
    二、如何与有学业问题的学生谈心谈话 ·········· 079
    三、如何与有心理问题的学生谈心谈话 ·········· 082
    四、如何与有情感问题的学生谈心谈话 ·········· 085
    五、如何与有生涯规划问题的学生谈心谈话 ·········· 088
    六、如何与有就业指导问题的学生谈心谈话 ·········· 091

七、如何与有家庭经济问题的学生谈心谈话……………………093
八、如何与有人际关系问题的学生谈心谈话……………………096
九、如何与发生突发事件的学生谈心谈话………………………099
十、如何与引发网络舆情的学生谈心谈话………………………102

第六章 谈心谈话案例……………………………………………105

案例一：价值引领，成长启航——关于学生干部"功利化"偏差引导的谈心谈话案例……………………………………………105

案例二：循循善诱，精准指导——关于学生干部竞选中体现出的功利主义的谈心谈话案例……………………………………110

案例三：弯路多风景，逆袭再成长——关于学生学业、职业生涯规划指导的谈心谈话案例……………………………………115

案例四：让梦想再次起航——与一名结业生的谈话案例…………120

案例五：细心捕捉，诲育纠偏——关于学生学业、学术诚信问题解决的谈心谈话案例………………………………………124

案例六：重拾希望，点亮未来——关于学生心理问题的谈心谈话案例……………………………………………………………130

案例七：前行"无望"，不如停下歇一歇——关于心理问题的谈心谈话案例………………………………………………………135

案例八：网海迷途，重归正轨——关于大学生沉迷网络问题的谈心谈话案例………………………………………………………140

案例九：科学引导——关于学生升学指导的谈心谈话案例………145

案例十：拒绝45度微躺，拥抱平凡中闪光——关于职业选择和就业发展问题的谈心谈话案例……………………………………149

案例十一：情境·清晰·倾心——关于学生就业指导的谈心谈话案例………………………………………………………………157

案例十二：以生为本，因材施教——关于违纪后教育的谈心谈话案例………………………………………………………………163

案例十三：直面压力，化茧成蝶——关于学生干部成长的谈心谈话案例………………………………………………………………168

案例十四：以爱为引，育梦成光——关于学生学业帮扶、亲子关系改善、生涯规划指导的谈心谈话案例…………………………176

案例十五：扶困励志，铸就健全人格——关于"家庭经济困难学生问题"的谈心谈话案例……………………………………………181

案例十六：因材施教，有效引导——关于学生在网络发表不正当言论的谈心谈话案例………………………………………………187

第一章 高校辅导员谈心谈话概述

一、高校辅导员谈心谈话简介

(一) 谈心谈话内涵

谈心谈话是人与人之间为了获取信息、分享感受、寻求帮助、解决问题等开展的一种积极且深入的交流,由谈心和谈话两个相互联系的行为组成。谈话是交流的形式,通常采用对话的方式开展。谈心是交流进行的深度,交流双方要真实坦诚表达内心的想法和感受,是交流顺利有效开展和达到交流目的的基础和保障。谈心谈话既是一种现实交往活动,也是一种社会实践活动;既是发现问题的方法和手段,也是解决问题的方法和手段。

(二) 谈心谈话制度

谈心谈话制度是党长久以来开展思想和群众工作的主要方法,是党的组织生活的重要形式[①]。1929年,古田会议把"个别谈话"作为党内政治教育的重要方法写入《中国共产党红军第四军第九次代表大会决议案》。毛泽东称谈心谈话为"最细致入微的宣传鼓动形式"。邓小平强调,对错误不能隐讳,要谈心。进入新时代,习近平总书记指出:"对干部经常开展同志式的谈心谈话,既指出缺点不足,又给予鞭策鼓励,这是个好传统,要注意保持和发扬。"[②] 谈心谈话制度,是我党的优良传统和政治优势。经过革命、建设、改革各个历史时期的探索、实践和积累,谈心谈话对加强党的建设、保持和发扬党的政治优势发挥了不可替代的作用。谈心

---

① 杨建立. 谈心谈话制度在机关思想政治工作中的地位和作用[J]. 机关党建研究, 2019 (6): 14-16.

② 习近平. 习近平论党内监督: 权力越大, 越容易出现"灯下黑"[EB/OL]. (2016-09-30) [2024-06-03]. http://jhsjk.people.cn/article/28753867.

谈话制度已成为加强领导干部思想交流、保持干部队伍生机活力的重要法宝，也是党的群众路线教育实践活动的重要环节。

（三）高校辅导员谈心谈话

谈心谈话既是思想政治工作的重要载体，又是思想政治工作的基本方法。高校辅导员谈心谈话是发现和解决学生问题的"金钥匙"。《普通高等学校辅导员队伍建设规定》（中华人民共和国教育部令第43号）中指出，辅导员是开展大学生思想政治教育的骨干力量，是高等学校学生日常思想政治教育和管理工作的组织者、实施者、指导者。辅导员应当努力成为学生成长成才的人生导师和健康生活的知心朋友[①]，担负着思想理论教育和价值引领、党团和班级建设、学风建设、学生日常事务管理、心理健康教育与咨询、网络思想政治教育、校园危机事件应对、职业规划与就业创业指导、理论和实践研究等工作职责。谈心谈话是这些工作职责落实与实现的重要载体之一。通过谈心谈话，了解学生思想行为特点、思想政治状况、学习生活状态及心理健康状况等；通过谈心谈话，帮助学生解决现实问题与困惑，实现精准的思想政治教育；通过谈心谈话，加强对学生的人文关怀和心理疏导，增强思想政治教育的亲和力。谈心谈话是辅导员了解学生的有效方式，是开展思想政治教育工作的重要手段，也是落实高校立德树人根本任务最直接、有效的途径。

新时期，大学生的学习方式、生活方式和交往方式等都发生了深刻的变化，个体差异性也在不断增大，辅导员只有通过个性化的谈心谈话，才能真正了解学生的需求、困惑以及存在的各种问题，在此基础上，对症下药，精准施策，进行有针对性的个性化教育和引导，从而完成新时期党和国家赋予高校辅导员的使命。

《高等学校辅导员职业能力标准（暂行）》中明确规定，辅导员"能通过日常观察、谈心谈话、问卷调查等方式，收集学生基本信息，了解学生思想动态"[②]，因此，高校辅导员必须具备谈心谈话的能力和素养。

---

① 中华人民共和国教育部.普通高等学校辅导员队伍建设规定[EB/OL].（2017-09-29）[2024-06-03]. http://www.moe.gov.cn/srcsite/A02/s5911/moe_621/201709/t20170929_315781.html.

② 中华人民共和国教育部.高等学校辅导员职业能力标准（暂行）[EB/OL].（2012-03-31）[2024-06-03]. http://www.moe.gov.cn/jyb_xwfb/gzdt_gzdt/s5987/201403/t20140331_166419.html.

二、高校辅导员开展谈心谈话工作的意义

高校辅导员与学生开展谈心谈话，即开展教育性对话。谈心谈话作为教育性对话的具体形式，在师生之间开展。师生之间相互尊重，真诚沟通，构建相互信任的关系，思想观念逐渐融合，可见，谈心谈话具有深刻的教育意义。

（一）谈心谈话有利于落实立德树人根本任务

《普通高等学校辅导员队伍建设规定》（中华人民共和国教育部令第43号）明确规定，高等学校要坚持把立德树人作为中心环节，高校辅导员工作要围绕学生、关照学生、服务学生，把握学生成长规律，不断提高学生思想水平、政治觉悟、道德品质、文化素养。谈心谈话的显著特点在于它有着极强的教育目的，是带有教育目标的思想引领。辅导员可以通过谈心谈话实现思想教育及价值引领的功能，进而达到育人目的。谈心谈话是高校辅导员践行思想政治教育工作目标的重要载体和路径，也是落实立德树人根本任务、衡量辅导员业务能力的重要指标。

（二）谈心谈话有利于提升思想政治教育的实效性

教育实践是人类精神的代际薪火传递，只有师生双向奔赴，才能取得最好的教育效果。大学生的思想行为特点既具有普遍性，又具有特殊性。每名学生的思想行为特点都是不同的，具有个体差异性。只有结合大学生个体实际和特点的思想教育，才是鲜活的、有效的，影响才是深远的、持久的。与大学生个体沟通，谈心谈话是最有效的工具。辅导员灵活选取时间和地点，与大学生进行谈心谈话，适应大学生思想政治教育个性化、差异化的需求，有利于提升思想政治教育的实效性。

（三）谈心谈话有利于提高辅导员职业认同感和成就感

辅导员工作的成就感和价值感主要源自大学生的成长和发展。辅导员通过谈心谈话，帮助大学生解决实际问题和思想问题，教给他们为人处世的方式方法，让大学生克服困难、充满自信、不断前行。大学生的这些变化和成长是对辅导员最大的慰藉，可以使辅导员从繁杂的事务性工作中体

会到思想政治教育工作带来的价值感和成就感，真正体会到大学生人生导师和知心朋友的职业角色认同，从而以更加充沛的精力和更加专业的素养，投入到日常平凡而有意义的工作中去。同时，在谈心谈话过程中，辅导员能提高自身的政治素养、职业修养和专业能力，促进日常教育管理效能的提升，实现个人的职业价值。

三、高校辅导员谈心谈话的作用

思想政治教育工作是高校工作的生命线。谈心谈话作为高校辅导员常用的工作方式和有效工具，在与大学生建立联系和促进师生关系方面发挥着重要作用。通过谈心谈话，辅导员能够深入了解大学生的需求，为其提供全面的支持，有助于促进大学生的成长和发展。

（一）谈心谈话是建立良好师生关系的前提条件

良好的师生关系是辅导员开展思想政治教育工作的前提条件。良好的师生关系的建立至关重要，它是大学生对辅导员信任、信服的先决条件。谈心谈话是建立师生信任关系最为有效的手段。在有效的面对面交流中，辅导员的一句话、一个表情、一个动作，都可能让大学生放下思想包袱，从而建立信任，进而坦诚表达内心诉求。辅导员在倾听的过程中，了解问题所在，剖析根本原因，有针对性地解决大学生的问题，实现了彼此的相互理解与认同。辅导员的情感关怀和支持可以使大学生感受到被重视，有助于他们得到情感上的宣泄和安慰，增强其自信心和应对困难、解决问题的能力。辅导员逐步成为大学生的倾听者、开导者、支持者，这种师生之间的交流和沟通，拉近了情感与心理的距离，搭建起互信的桥梁，有利于建立融洽和谐的师生关系。

（二）谈心谈话是开展思想引领的重要渠道

辅导员的首要职责是对大学生进行思想政治教育，谈心谈话是实现对大学生思想政治教育和价值引领的重要渠道。当前，世界局势变化莫测，全球文化交融交锋，不稳定的因素逐渐增多，而大学生的世界观、人生观和价值观正处在形成时期，辅导员有针对性的谈心谈话对于大学生的思想价值引领至关重要。有针对性的谈心谈话更容易使大学生入脑入心。因此，辅导员要结合新时代、新要求，在引导大学生深入学习思想理论的同时，充分了解大学生，精准把握大学生的思想特点、认知规律，解决大学生的思想困惑和思想问题，从而提升思想政治教育的有效性。

（三）谈心谈话是开展日常管理的必要环节

谈心谈话作为一种建立情感连接，实现教育功能的重要方法和载体，与班团建设相融合，与心理健康、党建团建、扶困助学、就业创业、奖励及处分等教育管理工作相结合，及时发现问题，及时介入谈心引导，切实化解教育管理风险，提高工作效率与质量。在谈话过程中，既要求辅导员有扎实的政策水平，又要有一定的社会阅历；既要有教育学、心理学等方面的专业知识，又要掌握谈话的技巧；既要有丰富的社会经验，又要具备工作的激情。每一次谈心谈话，都是一次思想政治教育的实践过程。

（四）谈心谈话是开展学业指导的重要抓手

以"学业指导"为主题的谈心谈话，可以帮助辅导员掌握大学生的情况。在谈话过程中，大学生汇报自己在学业方面的具体情况，说明存在的主要问题。针对出现学业预警的大学生，辅导员需要解读学业预警的管理办法，听取大学生的学习情况，了解大学生在学习上是否存在困难，查缺补漏。针对在专业课程方面存在学习困难的同学，辅导员应主动梳理，上报学院，并联系相关教师进行辅导，帮助大学生树立学习信心。辅导员还要与学生家长联系沟通，从"转变态度""做好规划""调整状态"等角度对大学生提出要求，促进学校、家长、学生三方互联，形成齐抓共管模式，帮助大学生跨过学业难关。

（五）谈心谈话是开展职业规划指导的有效途径

辅导员开展的职业规划指导包含就业形势政策解读、职业咨询、规划指导、就业服务和就业指导、心理疏导等诸多内容。将大学生谈心谈话与职业规划指导相结合，能提高指导的针对性和有效性。辅导员在与大学生进行谈心谈话的过程中，不仅可以了解到情况各异的大学生在学习、生活、思想、就业择业、职业发展等方面的困扰和需求，为大学生提供相应的帮助和引导，还可以通过每一次的谈心谈话，让大学生洞察辅导员在就业工作中的欠缺之处，并对前期工作进行复盘和反思，从而实现学生教育

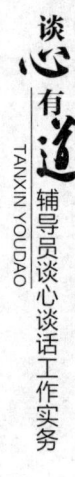

与辅导员自我教育的有机统一。

（六）谈心谈话是开展心理健康教育的有力手段

高校学生大部分处于16—24岁，这个阶段正面临自我身份的确认和寻求亲密关系发展的任务。这两项任务需要大学生形成稳定的价值取向、掌握专业技能以及学习如何建立亲密关系。这些心理发展任务是大学生心理健康的重要组成部分，与大学生的心理成长息息相关。辅导员通过谈心谈话，引导大学生建立良好的价值取向，为其提供在探索自我与亲密关系中的途径与资源，可以有效地提升大学生的心理健康水平。当前，高校学生的心理状况不容乐观，问题频发，每名出现心理问题的大学生，其状况都具有特异性。谈心谈话有利于辅导员发现有既往病史或存在明显异常的大学生，有利于辅导员了解大学生心理问题产生的根源，并建立跟踪档案，形成"一生一策"，必要时，建议其到心理健康中心进行心理咨询，能够有效帮助大学生恢复健康的心理状态。

（七）谈心谈话是处理突发事件的必要举措

谈心谈话是辅导员面对校园突发情况时需要采取的重要举措。突发事件一般具有突发性、紧急性、复杂性和处理方式非常规性等特点。若突发事件得不到妥善处理，则极易引发更大的危机事件。辅导员应及时安抚学生，开展谈心谈话。首先，实现信息交换，产生共情，获得当事学生的信任感，为后续事情的处理打下基础。在进入突发事件处理阶段，了解问题的关键所在，提出解决方案，缩小事件影响范围，将不稳定因素控制在可控范围。突发事件的谈心谈话对象不仅包括突发情况当事人，也应包括涉及的其他同学。

四、谈心谈话分类

根据谈心谈话的目的与内容，可将谈心谈话分为两大类：发展导向型谈心谈话和问题导向型谈心谈话。

（一）发展导向型谈心谈话

发展导向型谈心谈话通常是辅导员结合学生现状，引导学生向内思考，对其自身有清晰的认识和定位，并逐步明确大学期间的发展目标、规划以及路径等而进行的谈心谈话，引领学生对未来进行思考、规划，具有由发散到聚焦的特点。发展导向型谈心谈话主要着眼于学生的个人发展和规划，涉及学生的学业发展、职业规划、兴趣爱好和能力提升等方面。这类谈话旨在帮助学生更好地认识自我、发掘潜能、制订策略和实现价值，具有前瞻性，强调"如何做得更好""如何成为更好的自己"。

发展导向型谈心谈话可以从以下几方面入手。

（1）学业。请学生谈谈自己在学业生活中的规划，介绍方法与经验。

（2）兴趣爱好。请学生介绍自己的兴趣爱好，谈谈兴趣爱好对个人发展的影响。

（3）职业规划。请学生谈谈未来的职业规划和发展目标，以及实现这些目标需要具备哪些能力和素质，并谈谈对未来职业生涯的期待和担忧。

（4）综合素质。请学生谈谈在综合素质方面的提升途径，希望从哪些方面得到提高。

辅导员在发展导向型谈心谈话中，要扮演积极和主导的角色，要充分了解学生的情况和想法，根据学生需求给予积极的引导和建议、鼓励和支持，并提供资源，帮助学生清晰认识自己，明确发展方向，为学生未来的发展打下基础。

（二）问题导向型谈心谈话

问题导向型谈话以帮助学生解决特殊的、突发的、个性的问题为主要目的，具有针对性强、问题相对聚焦的特点。当问题发生时，辅导员需要及时开展谈心谈话。问题导向型谈心谈话更多关注学生当下面临的具体问题或困难，涉及学业、人际关系、心理、行为偏差和突发事件等方面。问题导向型谈心谈话旨在帮助学生解决问题、攻克难关，缓解问题导致的压力和焦虑，排除不良影响，使学生恢复正常的学习和生活状态，具有及时性和针对性，强调"发现问题—解决问题"。针对谈心谈话中暴露出的问题，辅导员需要帮助学生认清实质，要用心问、细心察，从问题的细节入手，"揪出线头"。在谈心谈话前必须摸清情况、找准问题的关键点，要围绕问题的关键点来谈，力求触动学生心灵，抓早抓小。

问题导向型谈心谈话可按以下步骤开展。

（1）阐述问题。让学生明确当前问题的定义和解释，避免语言上的误

解和歧义。

（2）描述问题。辅导员让学生详细阐述问题的来龙去脉，让问题具体呈现，不遗漏。

（3）分析问题。辅导员让学生从潜在因素、实际影响、环境因素和个人因素多角度分析原因。

（4）探讨方案。在分析问题的基础上，辅导员应同学生共同探讨解决问题的方案及可行性，并加以鼓励。

（5）跟进和反馈。辅导员应当跟进学生对方案的实施情况，并给予反馈和支持，帮助他们解决困难。

辅导员在问题导向型谈心谈话中，要扮演协助解决问题的角色，要耐心倾听，详细了解问题本质，理解学生的感受和处境，引导学生正确面对和思考问题，帮助学生解决问题。同时，对学生的不良行为进行纠正，教给学生预防问题产生的方法。

五、谈心谈话原则

谈心谈话原则是辅导员开展谈话工作的重要指导方针，应贯穿于整个谈心谈话的过程中，以确保收到良好的谈话效果，通过谈话解决学生面临的问题，促进学生发展。辅导员应深入理解谈心谈话原则的内涵和应用。

（一）实事求是原则

在谈心谈话的过程中，辅导员要立足于学生实际，有针对性地帮助、教育和引导学生。辅导员要客观地观察并陈述事实，注意不要使用评价性、指责性、评判性语言。用清晰的语言来表达，不主张绝对化的结论，尽量减少对学生的负面评价或"贴标签"。辅导员在谈话中应认真倾听学生陈述，并通过其他渠道了解学生背景，确保谈话内容真实可靠。同时，辅导员要避免将个人情绪带入谈话过程，保持客观、中立的态度，给予学生应有的尊重。在谈心谈话过程中，要注意原则性问题不能妥协和让步，要分清是非。实事求是原则体现了辅导员对学生公平、负责的态度，是辅导员与学生建立信任关系的重要基础。

（二）科学规范原则

谈心谈话遵循科学规范原则，需要保证科学合理、程序规范。科学合理要求谈心谈话工作的开展应遵循中共中央、国务院《关于进一步加强和改进大学生思想政治教育的意见》和各高校关于加强学生思想政治教育工作的要求，按照学校或学院制定的辅导员谈心谈话工作实施细则要求，科学合理地统筹学期谈话计划。程序规范要求在具体开展谈心谈话工作时，应当遵循基本流程：准备工作（选取谈话对象，做好谈话准备、信息收集以及数据对比分析）、实施谈话（倾听、引导、探索、帮扶）、后续工作（跟踪、评估效果、调整后续教育方案）。在谈话过程中，应遵循科学的方式方法，以确保谈话过程的规范性和有效性，保证谈话的质量和效果。

（三）平等尊重原则

辅导员与学生进行谈心谈话需要遵守平等尊重原则，以平等、尊重的态度进行谈话，耐心细致，以理服人，避免"训话式"交流。辅导员应尊重学生人格和个体差异，维护学生权益，保护学生隐私。辅导员亦师亦友，与学生是平等的，应互相尊重。辅导员与学生谈话要注重语气和态度的运用与表达。辅导员要和学生站在一起，共同面对困难与难题，给予学生有力的支持。辅导员要以良好的亲和力和同理心赢得学生信任，在深入谈心中达到谈话目的。在谈话中，启发学生找到他们真心认可的方法和策略，而不是代替学生去做决定，更不是命令学生必须做到某事。例如，用"我有个建议，你是否尝试"代替"务必按照我说的去做"，让学生感觉到是自己主动做出了某种选择，充分发挥了学生的主观能动性。

（四）灵活有效原则

辅导员在谈心谈话工作中需要综合运用各种方式，善于运用学生熟悉和易接受的语言，切实解决问题。在谈话过程中，要根据不同学生的实际情况和问题，灵活地运用不同的谈话技巧和方式，以确保谈话的有效性和针对性。辅导员在与不同类型的学生谈话时，要采用不同的策略，既要运用学生熟悉和易接受的语言和方式进行谈话，也要具备敏锐的洞察力和判断力并能在谈话过程中精准地把握学生的心理状态和需求，根据学生的反馈，及时调整谈话策略，保证谈话的灵活性和针对性，切实解决问题。

(五)谈话必记原则

谈心谈话结束后,辅导员应及时梳理、整理谈话内容,做好记录,为后续工作提供参考和依据。这一原则有助于确保谈话过程的可追溯性和可评估性,提高工作的规范性和科学性。谈心谈话记录可作为学生奖惩、危机干预、研究决策、事件处理等的重要依据。此外,谈心谈话记录和统计情况还可作为辅导员履行工作职责的佐证材料和学校对辅导员工作进行考核的重要参考。

(六)内容保密原则

辅导员对学生的个人信息和谈话内容应严格保密,不得随意泄露或传播,尤其是涉及学生隐私和敏感内容部分。这不仅是对学生隐私权的尊重和保护,也是与学生建立信任关系的重要保障。在谈心谈话正式开始前,辅导员应该向学生强调保密原则,在此项原则的指导下,学生会放心、安心,提供的信息也更具真实性。在谈话过程中,辅导员应尊重和保护学生的个人隐私,不窥探、不泄露,确保学生权益得到保障。辅导员所收集的个人信息,仅限于为学生提供教育和辅导服务时所必需的最小范围,不应过度收集学生个人信息。谈话对象和谈话内容仅在工作范围内进行记录以及交流讨论,学生谈心谈话记录本作为内部材料保存,一般不带离工作场所。但也要注意,若谈话内容涉及违法情况,则需要及时向有关部门反映。

第二章　谈心谈话流程

一、准备阶段——做好谈心谈话"预备功"

辅导员要有准备地开展大学生谈心谈话，而非无目的地"漫谈"。有准备的谈话是指辅导员在与学生正式谈话之前，要完成了解学生的具体状况、设定谈话目标、梳理谈话流程等工作，从而选择有针对性的谈话方法，实现因材施教。

（一）信息准备

谈话前的信息准备是谈心谈话的重要组成部分。如果事先没有对学生进行全面、详细的了解，谈话就变成了应付差事，学生也会因辅导员不了解自己的情况而感觉失望，导致谈话无法取得预期的效果。

辅导员应当建立"一生一档"，详细记录每名学生的基本信息（家庭背景与经济情况、学业成绩、科研成果、社会工作、人际关系和其他必要的信息）。这些信息有的来源于日常的基本统计，有的需要辅导员在与学生的朝夕相处中去了解。无论是进行日常谈心谈话，还是针对学生近期的实际情况需要开展有目的的谈心谈话，辅导员在进行谈心谈话之前，都应当仔细查阅"一生一档"，充分回顾和了解谈话对象的特点，有备无患。

此外，在学生群体中了解谈话对象的相关情况，也是谈话前信息准备的重要组成部分。辅导员应当提前与主要学生干部（包括谈话对象的班长、寝室长、所在党支部的书记等）取得联系，了解谈话对象近期所经历的生活事件、思想动态，以便对谈话对象的近况具备初步的了解，从而能在谈话中明确目标，突出重点，以取得良好的谈话效果。

（二）目标设定

每次谈话开始之前，辅导员都应根据谈心谈话的类型，确定当次谈心谈话的目标，有针对性地与学生谈心，切实提高谈心谈话实效。

在信息收集的基础上，辅导员要明确本次谈话的目的和主题，结合学生情况将谈心谈话类型确定为发展导向型或问题导向型，同时围绕学生的个人发展、学习、生活、心理和特殊问题确定谈话主题，识别学生真实需求，确保谈话有的放矢。根据谈话主题，可以设计初步的谈话提纲（包括开场语、主要讨论点、可能遇到的问题及应对策略、结束语等），并对谈话中可能遇到的问题做重点准备。可以准备一个问题清单，这样不仅可以加深记忆，还可以保证不让谈话偏离既定轨道。问题清单主要包括两类问题：常规性问题和针对性问题。常规性问题一般可以围绕学生的日常学习、人际交往、家庭成员、性格特质、兴趣爱好等方面进行设计。例如，"你平时和哪名同学的关系最好？你们一起做过哪些事情？""在你过去的经历中，哪一段给你留下的印象最深？"针对性问题可以根据谈话对象的具体情况和谈话目的进行设计，围绕学生的需求和问题点展开设计。例如，"你以后想要读研，想好想要报考的院校和专业了吗？""你和室友的关系不太密切，你觉得具体是哪些原因导致的？""我觉得你的逻辑性思维很强，平时喜欢看哪些书？"等等。

辅导员初次与谈话对象进行谈话时，不妨把目标设定为进一步了解学生的基本情况、学生所面临的困难、学生内心的真实想法等。充分了解以上信息后，可设身处地为学生提出一些建议与帮助，为学生提供情感支持和服务，进而构建师生间的信任关系，为进一步沟通打下良好的基础。从第二次谈话开始，随着学生采取了一定的行动，以及事态的进一步发展，学生的想法和面临的困难或许会发生一定的变化。深入谈话的方式逐步转变为密切关注学生的行为举止和思想动态，引导学生以恰当的方式解决问题，使其适当调适心态。

（三）场地准备

谈心谈话是辅导员与学生建立深度沟通的必要途径，能够迅速拉近师生之间的关系。良好的谈话场地与环境，能够令学生迅速放下心理负担，走入谈话环境，以便辅导员更直观地判断学生的心理变化。良好的谈话空间要兼具安静和私密性，在这样的环境中进行谈心谈话可以取得良好的谈话效果。借鉴心理咨询的方式，谈话尽量选在无人打扰的单独空间，最好安排在专门的谈心谈话室。

辅导员可以根据具体情况，选择合适的谈话环境。就选择谈话地点而言，大多数辅导员倾向于邀请谈话对象到辅导员办公室进行谈话，辅导员对办公室的情况比较了解，可以随时查阅相关信息和资料。除此以外，"一站式"学生社区的谈心谈话室也是适合谈心谈话的地点，也比辅导员办公室更加私密，能够让学生面对辅导员时更加坦诚，取得更好的谈话效果。此外，根据学生的具体情况和要解决的问题，也可以选择食堂、操场、校内的公园等场地开展谈心谈话。确定好时间和地点之后，辅导员可以为学生准备茶饮、零食等，有助于在谈话中拉近师生关系，缓解学生因紧张、焦虑而产生的负面情绪。当学生处于舒适、宽松的环境中时，心态往往更加放松，无形之中降低了潜在的沟通难度，沟通效率也大幅提升。

此外，对于一些在校外实习或不方便见面的学生，辅导员可以采用线上谈话的方式进行谈话。线上谈话的准备比较简单，辅导员可事先与学生约定好恰当的时间，在安静的环境下，利用网络进行交流。辅导员要预留好充足的时间，以免谈话被其他事务干扰而中断，影响谈话效果。

二、实施阶段——把控谈心谈话"全链条"

（一）导入开始

1.打破僵局

谈心谈话不是辅导员单向的思想灌输，而是辅导员和学生之间以相互了解和解决问题为目的的有效沟通。在这个过程中，辅导员应与学生建立起平等、尊重、信任的关系，共同探讨问题、寻求解决方案。在谈心谈话开始之前，辅导员需要做的是缓解学生面对教师时的紧张心情。这需要辅导员具备一定的亲和力和沟通技巧（交谈时面带微笑、语气轻松、适当幽默等），营造出轻松、愉快的谈话氛围。同时，辅导员需要充分了解学生的个性、兴趣、特长等情况，以便更好地与学生沟通。

在谈心谈话中，破冰话题的选择至关重要，合适的话题既可以帮助学生缓解紧张的情绪，又可以拉近师生之间的距离。以下列举一些具体的破冰话题。

（1）兴趣爱好。询问学生的兴趣爱好（如喜欢的音乐、电影、书籍、运动等）。学生在谈论自己喜欢的事物时，可以感到放松和愉快。

（2）日常生活。询问学生的日常生活（如饮食、作息、宿舍生活等）。可以让学生分享其生活琐事；也可以询问学生最近的生活经历（如假期去了哪里、参加了什么活动、有没有什么有趣的事情发生等），让学生分享其经历，辅导员可以从中了解学生的生活状态。

（3）学习状况。以轻松的方式询问学生的学习状况（如最近的学习压力大不大、有没有遇到什么困难、对哪些课程感兴趣等），学生在谈论学习时，可以感到轻松。

（4）未来规划。询问学生对未来有什么规划（如毕业后的打算、职业规划等），可以让学生思考自己的未来，辅导员能从中了解学生的职业发展意向。

通过以上破冰话题，辅导员可以更好地了解学生，建立起良好的师生关系，为后续的谈心谈话打下基础。

2.明确谈话目的

为了引导学生明确谈话目的，辅导员需要具备同理心和良好的沟通技巧，以引导学生思考和表达。通过辅导员有效引导，学生能更好地理解谈话的意义，并积极参与到谈话中，最终实现谈话的目标。因此，引导学生明确谈话目的是确保谈心谈话顺利进行的关键步骤。

首先，辅导员需要通过倾听，理解学生的需求和期望。这可以帮助辅导员更好地把握谈话的方向和内容，确保谈话的目的与学生的需求相匹配。同时，辅导员需要通过提问引导学生思考和表达。例如，"你最近感觉怎么样？有没有遇到学习或者生活上的问题？"鼓励学生表达自己的想法和感受，帮助他们更清晰地认识自己遇到的问题。辅导员应倾听学生的陈述，并给予积极的反馈（如点头、微笑、重复学生的话等），展现出对学生的关注和理解，再进一步引导学生深入思考，通过对话点明谈话的主题。

其次，辅导员需要明确表达谈话的目的，与学生一起设定谈话的目标，让学生知道谈话的预期效果，这可以帮助学生更好地理解谈话的意义，并积极参与到谈话中。同时，辅导员需要根据学生的反应和需求，灵活调整谈话的内容，确保谈话的有效性，也需要时刻注意学生的表情、语气和肢体语言，判断学生对谈话内容的接受程度，并适时调整谈话方式。

3.确定谈话进程

在进行谈心谈话之前,辅导员应先询问学生是否愿意进行谈话。如果学生暂时不想进行谈话,且该谈话不在必谈项目中,最好尊重学生的选择,并寻找其他解决问题的途径(如找时间再谈、寻求心理咨询或寻求家长的帮助等)。

在进行谈话之前,辅导员可以和颜悦色地询问学生:"你愿意和我谈谈这个问题吗?""你现在方便和我聊一聊吗?"这样的询问方式让学生感受到被尊重,容易敞开心扉。

确保谈话的自愿性有助于谈话的有效性。如果学生是在被迫的情况下参与谈话,那么谈话的效果会大打折扣。因为在这种情况下,学生可能会产生抵触情绪,不愿意真实地表达自己的观点和想法。

(二)掌控过程

在进行谈话时,辅导员要对谈话的整体进度和方向做好把控和主导,按照既定的谈话计划进行,即使谈话偶尔偏离了目标,辅导员也要适时将谈话引导至最初的方向,表达要清晰、流畅,言简意赅。对于敏感或特殊问题,谈话要采用循序渐进的方式,由浅至深,逐步深入,避免质问,以免使学生产生防御心理。当学生描述的问题过于抽象、模糊时,辅导员可以让学生举例,使问题具体化。

谈心谈话不要拖泥带水,辅导员应该把握谈话的节奏,做到快速而有效。学生通常不喜欢谈话过于冗长,而是希望能够迅速得到问题的解决方案和建议。在谈话的过程中,辅导员应逐步将问题引到目标、重点与解答上,并灵活调整谈话的节奏。谈话前期,当学生逐步放松进入状态后,辅导员可以提出开放式的问题,充满好奇地与学生探讨问题。在学生回答问题的过程中,辅导员应无条件地积极关注,采用积极跟随式倾听,针对学生的谈话内容,不断复述式地回应与共情。谈话中后期,辅导员和学生已经建立了良好的信任关系,学生在辅导员的开导下慢慢敞开心扉,进行真诚的倾述。在此阶段,辅导员依然要保持对学生谈话内容的专注,此时从跟随式倾听转化为鼓励式或者干预式倾听。辅导员在倾听的同时,应不断地鼓励学生对问题进行探索,通过简单的回应,促使学生有更深的领悟,寻找解决问题的有效方法。

在具体谈话过程中，还应做好以下两个方面的内容，以取得更佳的谈话效果。

1. 原则问题，实事求是

辅导员要围绕"法、理、情"三个方面来进行谈心谈话[1]，以确保谈心谈话的合理性和有效性。

"法"指的是原则和底线（包括法律、法规、校规校纪等）。在谈话中，辅导员需要明确不可突破的这些底线，了解相关内容，并且始终坚守原则，确保谈话不会违反原则。同时，辅导员要在谈话中尊重谈话对象的权利和尊严，不进行任何形式的歧视和攻击。

"理"指的是政策文件和一些普遍认同的道理、逻辑或常识。在谈话中，辅导员需要对上述问题进行深入的了解和研究，以确保谈话是有根据的、合理的。同时，辅导员要尊重事实和真相，不进行任何形式的虚假宣传和错误引导。

"情"是指谈话要动之以情、晓之以理，保持耐心和亲和。在谈话中，辅导员需要尊重对方的感受和情感，不断调整自己的语言和态度，以取得更好的交流效果。辅导员要用简单明了的语言表达自己的观点和意见，并且尊重对方的意见和反馈。

在整个谈话过程中，辅导员应始终遵守法律法规和校规校纪，了解政策文件和常识性知识，尊重对方的感受和情感。只有这样，谈心谈话才能更加有效地解决问题。

2. 运用技巧，平稳推进

在谈心谈话的过程中，辅导员应以平等、尊重、热情的态度面对谈话对象，合理运用共情、接纳、同理心等谈话技巧，避免用批评式和灌输式谈话方式，让学生感受到其是谈心谈话的主体，而不是被动的接受者。在整个谈心谈话过程中，辅导员应该耐心倾听学生的心声，积极与学生互动，帮助其解决问题。只有这样，辅导员才能真正收获学生的信任，成为他们的良师益友，为他们提供有力的支持和帮助。

首先，辅导员应该耐心倾听学生的心声。每名学生都有自己的独特经

---

[1] 林崇德. 中学生心理学[M]. 北京：中国轻工业出版社，2013.

历和感受，学生在学习和生活中，可能会遇到各种困难和挑战。辅导员应给予学生足够的时间和空间，让其充分表达自己的观点和感受。在学生倾诉的过程中，辅导员应始终保持倾听，避免打断学生，以展现出对学生的尊重和关心。辅导员要站在学生的角度，设身处地地去理解其想法和感受。这样可以增进师生之间的信任，让学生感受到被理解和支持。在倾听学生的倾诉后，辅导员可以与学生一起分析事情经过，明确问题的关键点，这样有助于学生从客观的角度看待问题，避免主观臆断。

其次，在谈心谈话过程中，辅导员应避免采用说教的方式，不要以自己的经验和知识去指导学生。一味地说教容易让学生产生逆反心理，导致沟通效果不佳。实际上，有时候学生并不需要辅导员来告诉他们该怎么做，而是需要一个理解和支持他的朋友。辅导员可以采用启发式沟通的方式，引导学生思考和解决问题，帮助他找到适合自己的解决方案。同时，辅导员可以结合实际案例，用具体的事例来说明问题，让学生更容易理解和接受。

再次，在谈心谈话时，辅导员要及时给予学生肯定和鼓励。每名学生都有自己的优点和特长，在学习和生活中都会付出努力，辅导员要给予其肯定和鼓励。可以通过表扬和奖励来激励学生，让他们感受到自己的价值和成就。这种肯定和鼓励可以增强学生的自信心和动力，促使他们更加努力地学习和进步。同时，让学生感受到辅导员对其的欣赏，拉近师生的距离。此外，辅导员要鼓励学生表达自己的观点和想法。每名学生都有自己的思考和理解能力，对于问题有自己的看法和想法。辅导员要给予学生足够的空间和机会，让其能够自由地表达自己的观点。

最后，辅导员要给予学生反馈与指导。在学生表达自己的观点和想法之后，辅导员要给予其及时的反馈和指导。辅导员可以指出学生的优点和问题所在，给予其具体的建议和帮助。同时，辅导员要鼓励学生继续努力，相信学生能够取得更好的成绩和进步。这种反馈和指导可以帮助学生更好地认识问题，明确自己的目标和方向，进一步发展自己的能力和潜力。

（三）适时结束

谈话的时长要尽量控制在1小时以内，超过1小时可能会使双方身心疲惫，影响谈话质量，一般谈话进行30~50分钟就可以结束。为了保证谈心谈话效果,要依据谈心谈话对象不同的认识程度,确定谈心谈话时长。

适时结束谈话有助于确保谈话的有效性。当谈话取得一定的效果或者学生已经表达了自己的观点和想法时,辅导员可以适时结束谈话,这样可以避免谈话变得冗长和无效。同时,可以让学生感受到辅导员的关心和尊重。

适时结束谈话有助于维护双方的信任关系。当谈话进行得顺利并且双方都感到满意时,辅导员可以适时结束谈话,并向学生表达感谢和赞赏。这样既可以增强双方之间的信任和亲近感,也可以为未来的交流打下良好的基础。

谈话结束的情境有两种:一是当谈心谈话对象思想一时难以转弯,对继续交谈表现出某种不耐烦情绪或者表现出希望谈话结束的言语及动作,辅导员应根据情况,提前结束谈心谈话;二是谈话进展顺利,效果较好,谈话既定目标已基本完成,当学生情绪较为轻松时,可适时结束谈心谈话。

1.观察学生反应

如何判断谈心谈话是否该结束,是许多辅导员面临的难题。观察学生的反应,特别是注意学生的表情、肢体语言和语气变化,可以帮助辅导员判断学生是否还有继续交流的意愿。

学生的表情可以直观地反映出其心理状态。如果学生在谈话过程中眼神专注,面部表情自然,说明其正全神贯注地参与谈话,这时谈心谈话可以继续进行。如果学生的眼神开始游移,表情变得疲倦或无奈,这可能是他已经对谈话内容失去兴趣或者心理承受能力已达到极限的信号。这时,辅导员应该考虑结束谈话,以避免对学生产生额外的心理压力。

肢体语言是判断谈心谈话是否该结束的重要依据。如果学生在谈话过程中身体前倾,积极参与,说明其对谈话内容感兴趣,愿意继续交流。反之,如果学生身体后仰,频繁变换坐姿,甚至开始玩手机或做其他事情,这可能是其对谈话内容不再感兴趣,或者心理状态已经无法承受谈话的信号。这时,辅导员应该及时结束谈话,避免学生产生厌烦情绪,同时为下一次的谈心谈话创造更好的条件。

语气变化可以帮助辅导员判断学生是否还有继续交流的意愿。辅导员在谈心谈话过程中,要敏锐捕捉学生的语气变化(比如语速、语调、语气强度的变化），适时调整交流策略，以确保谈话的效果。当发现学生语气表现出不愿继续交流的迹象时，可以适时结束谈话，给予学生一定的空间和时间。

2. 实现谈话目标

在谈话开始前，辅导员应明确谈话的目标，并在谈话过程中引导学生围绕目标展开讨论。当谈话取得一定的效果，或者双方就已经表达的观点和想法达成一致时，辅导员可以适时结束谈话。这样可以避免谈话变得冗长，避免学生产生疲劳和厌烦的情绪，从而确保谈话的有效性。

另外，当谈话取得一定的效果时，辅导员可以及时总结谈话内容，强调谈话的重点，然后结束谈话。这样可以让学生更加明确谈话的目标，更加珍惜谈话的时间，从而提高谈话的效率。在谈话过程中，学生需要倾听、思考和表达，这是一个消耗精力的过程。如果谈话时间过长，学生可能会感到疲惫，无法集中精力思考，对于谈话内容无法完全吸收和消化。适时结束谈话并总结谈话内容，可以让学生在谈话结束后有时间休息和反思，更好地吸收和消化谈话内容。

辅导员确定要结束谈话时，可以使用含结束意义的过渡语句或开放式的结束语句，并表达感谢。

（1）使用过渡语句。辅导员在结束谈话前，可以使用过渡语句来总结谈话内容或提出下一步计划，这样不仅能够让学生更好地理解和吸收谈话内容，还能够使谈话显得更加完整和有目的性。例如，辅导员在谈话接近尾声时，可以这样总结谈话内容："我觉得我们今天讨论了很多重要的问题，包括你的学习困惑、人际关系等方面。你提出的问题很有见地，我会认真考虑你的建议，并给予适当的关注和支持。"通过这样的过渡语句，辅导员可以让学生感受到他的意见和建议得到了重视，同时为下一次谈话做好铺垫。

此外，辅导员还可以在结束谈话时提出下一步计划。例如，"感谢你今天的分享，我会认真考虑你的建议。接下来，我希望你能够针对我们今天讨论的问题，制订一个具体的解决方案，并在下周的辅导时间前与我分享。"这样的过渡语句不仅能够让学生明确下一步的行动方向，还能使谈话内容得到更好的落实和执行。

在使用过渡语句结束谈话时，辅导员应该注意以下几点。其一，语言要简洁明了。过渡语句要简短精练，避免冗长和复杂的表达，让学生能够明确地理解谈话的总结和下一步计划。其二，内容要具体明确。过渡语句要具体明确，避免模糊和抽象的表达，让学生清楚地知道谈话的重点和下一步的行动方向。其三，语调要温和亲切。过渡语句要用温和亲切的语调表达，让学生感受到辅导员的关心和支持，增强谈话的亲和力。

（2）提出开放式问题。在辅导员与学生的谈心谈话中，有时会涉及一些重要议题，需要进一步跟进和探讨。在这种情况下，辅导员可以在结束谈话时，提出开放式问题或邀请学生继续交流，这样不仅能够让学生感受到辅导员的关心和支持，还能够为下一次谈话做好铺垫。例如，辅导员可以提出开放式问题："如果你还有任何问题或需要进一步的帮助，请随时告诉我。"这样的问题不仅能够让学生知道他可以随时寻求辅导员的帮助和支持，还能够鼓励学生主动思考和探索问题，提高他的自我认知和解决问题的能力。

辅导员提出的开放式问题应具有以下几个特点。其一，启发性和引导性。开放式问题要能够激发学生的思考和探索欲望，引导其主动寻求解决问题的方法和策略。其二，针对性和相关性。开放式问题要与学生正在面临的问题或议题相关。辅导员避免提出与谈话内容无关的问题，以免让学生感到困惑和不知所措。其三，开放性和多元性。开放式问题要能够引导学生从不同的角度和层面思考问题。辅导员避免提出封闭性问题，以免限制学生的思维和创造力。

通过提出开放式问题，辅导员可以引导学生主动思考和探索问题，提高他的自我认知和解决问题的能力，为下一次谈话做好铺垫。这样的谈话方式能够进一步提高谈话的有效性，促进学生的全面发展和进步。

（3）表达感谢。辅导员在与学生谈心谈话的过程中，应不断增强学生对其的信任和亲近感。在谈话结束时，辅导员向学生表达感谢也是促进师生关系的重要方式，不仅能够让学生感受到辅导员的关心和尊重，还可以为双方未来的交流打下基础。

首先，感谢学生的参与，是对他们付出的尊重和认可。学生的时间是宝贵的，学生在谈话中投入了时间和精力，表达了自己的想法和需求。辅导员在谈话结束时，向学生表达感谢，可以让学生感受到他的付出得到了认可和尊重，从而增强他对辅导员的信任和亲近感。

其次，感谢学生的分享是对其勇气和坦诚的肯定。在谈话中，学生可能会分享一些私人的想法和感受，这需要一定的勇气和坦诚。辅导员在谈话结束时，向学生表达感谢，可以让学生感受到他们的勇气和坦诚得到了肯定和赞赏，从而鼓励其继续与辅导员保持良好的沟通和交流。

最后，感谢学生的信任是对其信任的回应和承诺。学生与辅导员分享自己的想法和问题，是基于对辅导员的信任和依赖。辅导员在谈话结束时向学生表达感谢，可以让学生感受到他的信任得到了回应和承诺，从而增强他对辅导员的信任和依赖感。

总之，辅导员在与学生谈话结束时，向学生表达感谢，不仅能够让学生感受到辅导员的关心和尊重，还能够加强师生双方的关系，为未来的交流打下基础。通过感谢学生的参与、分享和信任，辅导员可以让学生感受到被认可和尊重，增强学生对辅导员的信任和亲近感。这样的交流方式能够促进师生之间的良好关系，为学生的成长和发展提供更好的支持和帮助。

三、总结阶段——提升谈心谈话工作"延伸力"

总结阶段是谈心谈话的最后阶段，也是不可忽视的一个阶段。这一阶段需要做好重点谈话记录，对谈话的内容进行复盘，同时，对学生做好跟进并规划好下一次谈话。一次谈心谈话的结束并不代表一个问题的解决，而是需要持续跟进。此时，谈心谈话的记录、复盘、评估、跟进这几个环节尤为重要。

总结技术是指在谈心谈话过程中，辅导员要把学生所谈、所讲的事实、信息、情感、行为、反应等内容分析综合后，以概括的形式表述出来。

总结能够帮助辅导员抓住学生所述内容的核心，将内容与感受联系起来，正确地看待问题。同时，辅导员可以把总结的问题反馈给学生，从而也让学生有机会来思考和整合自己的状况。

大多数辅导员在谈话前，能根据学生特点及时掌握谈话重点；谈话时，能做到与学生平等交流、平等沟通；但是对谈话后的环节却没有过多地关注，导致不知道谈话的效果如何（谈心谈话后，学生的具体需求有没有较好地解决等）。因此，辅导员做好谈心谈话工作总结是谈心谈话工作不可或缺的一步。

（一）记录

记录是谈话总结最基础、最关键的环节，精确合理的总结可以使谈心效果事半功倍，也能使辅导员更好地积累自身工作经验，做到与学生教学相长、共同进步。

1. 内容记录与要点整理

在谈话结束后，辅导员应当及时记录谈话要点和需要跟进的事项（包括谈话的时间、地点、学生信息、谈话主题、学生的需求和问题，以及辅导员提供的建议等信息），同时要记录谈心谈话过程中学生的反应及回应。这有助于确保谈话的成果得到充分利用，并为未来的交流提供参考。

（1）客观公正。记录应该客观公正地反映谈话内容。每名学生都是具有发展性的独立个体，在总结记录中，辅导员应当专注于学生的真实表达，就事论事、实事求是，杜绝刻板印象，避免主观臆断和偏见。

（2）内容完整。记录要确保谈话内容完整，应涵盖谈话的主要议题、学生的观点、辅导员的建议等。总结内容不仅要细致入微，还要注意语言简练，直观体现谈话过程中学生的需求、观点以及辅导员的回应。

（3）及时记录。谈话结束后尽快进行记录，以免遗忘重要信息。辅导员在谈话过程中应当重点留意关键信息，并构思整体记录框架[①]。学生的时间和辅导员的精力都是有限的，切忌积攒怠慢，在结束谈话后就要立即开始记录工作，并着手准备一系列解决方案。

2. 如何合理记录

（1）将学生所说的内容汇总并整理。学生在叙述自己感到迷茫的事或遇到的问题时，可能会在各种各样的想法和感受之间徘徊，这可能是由于其刚开始接受辅导，不知道要具体讲些什么或如何讲，也可能是陷入某种情绪而不能有逻辑地表达。有些学生受表达能力或个性因素的影响而表达内容过于冗长繁复，还有些学生直接通过拒绝讨论的方式来表达他们的局促无助。辅导员在谈心谈话后，要努力领会学生所说内容的实质，汇总学生的观点和感受，并整理成一个有逻辑的总结报告，直观地反映谈话的重

---

① 李竹.高校辅导员高质量开展谈心谈话的思考[J].公关世界，2024（10）：104-106.

点,为下一次谈话做好铺垫。

(2)注意学生讲述问题时的"弦外之音"。辅导员要注意学生说了些什么(内容),是怎么样说的(情感),以及说话(过程)的目的、时机和作用。在总结时,要关注这些"潜台词",加强对学生情感的把握,提升共情效果。需要指出的是,辅导员不应天马行空地揣摩学生的想法,可以适当根据经验以及其他有效信息来调整结论范围[1]。

3.谈心谈话总结的保密要求

(1)隐私保护意识。辅导员应提高保密意识,切实做到保护学生个人信息安全,对学生负责。

(2)谈话内容保密。确保记录的所有谈话内容(包括但不限于书面记录、电子文档、录音等),仅供辅导员及相关人员在履行职责时内部使用,不得以任何形式泄露给未经授权的第三方。如有特殊情况需要对外提供谈话内容,必须经过严格的审批程序,并确保接收方同样具备保密义务,严格遵守保密原则。

(3)谈话记录保管。妥善保管记录文件,并设置访问权限,仅允许特定人员查看。严格遵守国家和学校关于隐私保护的法律法规,不得将学生的隐私信息用于非法或不当用途。另外,在校园中及网络上,要避免谣言产生,避免给学生增添心理负担。辅导员应当定期对记录的保密性进行检查,确保没有发生信息泄露事件,并及时发现和解决潜在的安全隐患,对谈话内容进行回顾。

(二)复盘

复盘是指在总结谈话内容记录后,通过提炼学生谈话的关键信息,从而准确地反映学生说过、谈论过的内容。复盘不是简单地回顾一遍谈心谈话流程,更不是单纯走马灯似地回放,而是一种灵活而富有创造性的技术,需要辅导员捕捉学生最不确定的、没有刻意准备过的某些言行举止,它们往往能够更加真实具体地代表学生的所思所想[2]。要实现准确高效的

---

[1] 张春伟.高校辅导员谈心谈话工作研究与实践[J].沈阳大学学报(社会科学版),2013(5):684-686.

[2] 欧阳林洁.高校辅导员开展毕业生谈心谈话的策略分析[J].高教学刊,2016(18):227-228.

复盘,需要辅导员认真地倾听学生的心声,专注于对话的内容和过程。

1. 对谈话内容进行回顾

从学生进门开始直到离开谈话地点,辅导员全过程都应当进行复盘思考。通过回想学生的行为举止特点,往往能够更好地了解学生的想法和需求。回顾谈话过程中围绕的主题,学生是否积极分享了自己的想法和困惑,辅导员是否认真倾听并给予了积极的回应和建议,都应当在总结中体现,并分析原因。

2. 重视学生的反馈与需求

学生不同的人生经历,造就了他们截然不同的价值观和情感需求,辅导员应当切实了解学生需要,量身定制处理办法和情绪价值供给[①],真正做到与学生共情,帮助学生解决实际问题。

例如,学习方面,学生反映遇到了一些困难(包括学习方法的调整、学习时间的安排等),这表明学生希望辅导员能提供一些有效的学习方法和资源,帮助其更好地应对学业压力。

又如,在生活方面,学生分享了一些生活中的困惑(如人际关系处理、时间管理等),这表明学生希望辅导员能提供一些实用的建议,帮助其更好地平衡学习和生活。

再如,在情感方面,学生提到了情感上的困扰(包括与家人、朋友的关系处理,以及个人情感的发展等),这表明学生希望辅导员能给予一些情感支持和建议,帮助其更好地面对和解决情感问题。

3. 反思与改进

(1)反思倾听能力。教育家卡耐基说过,"做一个听众往往比做一个演讲者更重要,专心听他人讲话,是我们给予他的最大尊重、呵护和赞美"。[②]辅导员在开展谈心谈话工作时,往往会下意识地以教师的身份,站在指出问题、更正问题的角度开展谈话,使学生成为被动的接受者。这样容易将辅导员与学生对立起来,造成学生心理抵触和情绪失衡、师生情感

---

① 李燕.高职院校辅导员谈心谈话工作实践探析[J].山西财政税务专科学校学报,2023,25(2):78-80.

② 徐春英.给课堂教学放点"研"[J].吉林教育,2014(36):31.

断联等局面，直接影响谈心谈话效果，甚至适得其反。一旦学生从心理上抵触辅导员，紧闭心门，不仅不利于辅导员掌握学生心理动态，无法形成良性有效的沟通，而且容易造成学生心态偏激，抵抗管理，在学生中产生不良影响，严重地导致师生关系恶化，甚至可能造成不可挽回的严重后果。

（2）反思回应能力。辅导员在给予回应时，要具体和有针对性。辅导员应提高自身各方面能力，树立人格魅力，善于换位思考，以学生为中心，在充分掌握学生家庭、情感及经历的基础上，感受学生的不同特点和个性，真诚肯定、不吝赞美，设身处地去想学生所想。针对学生的不同问题和需求，辅导员应提供具体的建议和资源，帮助学生更好地解决问题。

回应过程中是否注意了方法和措辞[①]。妥善的用词和态度，能够有效增强学生对辅导员的认同和理解，有助于打开学生心扉。把握学生当下的心理、情绪、思想状态，进而通过语言的积极引导，取得更好的谈话效果。

（3）反思情感支持能力。辅导员在谈话中，要给予学生足够的情感支持。部分学生内心脆弱、感情淡漠，习惯以自我标准衡量一切，越是外力强行灌输的思想，越是不易接受，甚至出现抵抗情绪。学生在成长的过程中，渴望获得肯定和鼓励，特别是有自卑心理的学生更渴望获得尊重和欣赏。让学生感受到教师无条件的接纳和关怀，可以增强他们的自信心和解决问题的能力。

复盘可以采用表格或思维导图的形式进行。谈话不一定都需要复盘，但是对于问题比较严重、谈话过程遇到困难的学生，以及同一对象多次谈话的案例，建议要认真做好复盘。在这个过程中，辅导员要注重协调联动，对谈话中发现的问题及时汇总分析、协调解决，本人或本院系不能解决的，应主动向主管领导或有关部门反映，汇聚育人合力。

（三）评估

良好的评估工作有利于学生巩固已有的改变，增强解决问题的能力，

---

① 沈爱玲，赵贵臣.高校辅导员谈心谈话的育人价值及实践路径研究[J].现代教育科学，2023（6）：75-80.

也有助于辅导员总结经验，提高工作能力和业务水平。在评估过程中，要建立评估表，实施效果评估，规划进度和目标，分析目标完成情况、学生需求满足程度、问题解决情况、学生的满意度等。

评估时，辅导员要与学生深入交谈并表达彼此感受；帮助学生回顾谈心谈话过程、方案执行的过程，并对学生良好的表现加以肯定鼓励；研究分析完成目标的原因或没有完成目标的原因，协助学生解决问题。效果评估后，如果发现已经圆满完成了既定目标，辅导员可以鼓励学生继续坚持；如果部分实现了既定目标，辅导员要告知学生，后续继续解决还没有完成的问题，通过努力实现自己的需求；如果没有实现既定目标，就需要求助其他专业人士或求助上级组织，帮助学生找到更好的解决方案[①]。

1.谈心谈话是否缓解了学生的心理困扰

大学生处在人生发展的关键期，他们可能会有形形色色的疑惑和思虑。如何化解与舍友之间的矛盾？如何克服社交恐惧？如何看待竞选班委不成功？如何克服考试不及格的愧疚、懊悔甚至想退学的心理？学生干部如何面对同学的不理解、不支持？如何摆脱来自强势家长的全方位控制？如何克服因与同学之间贫富差距过大而产生的自卑感？在"内卷"的环境中，"躺平"是不是有理？……辅导员只有具备足够多的心理学、社会学、管理学等方面的知识，才能倾听学生的心声，以同理心体会他们的困惑和迷茫，有理有据地引导学生思考解决问题的方法，破除思维定式和僵化的心理模式，从全新的视角看待问题，减轻甚至消除他们的迷茫与挣扎。

2.谈心谈话是否解决了学生的实际困难

"坚持把解决思想问题与解决实际问题相结合"是我们党长期以来在思想政治工作中凝练的有效经验之一，也是中共中央、国务院第16号文件《关于进一步加强和改进大学生思想政治教育的意见》中加强和改进大

---

① 王必能，田东林，李季.高等院校辅导员谈心谈话针对性和实效性研究：以A高校为例[J].黑河学刊，2023（4）：82-90.

学生思想政治教育的六项基本原则之一[①]。

文件强调,"既重视道理又要办实事,既以理服人又以情动人,增强思想政治教育融于学校管理之中,建立长效工作机制,使自律与他律、激励与约束有机结合起来,有效地引导大学生的思想和行动"。辅导员的工作不可能脱离实际事务性工作开展,思想政治教育工作不能只靠单纯讲道理。辅导员急人所急、帮人所需,有助于增进学生的安全感和归属感,使学生对学校更有感情、对辅导员更加信赖。

3.谈心谈话是否提升了学生的行动自觉

谈心谈话绝非一时之功,不可幻想仅凭一次谈话就可以彻底改变学生的行为,不是当场看到学生有思考、有收获、解除思虑困扰就大功告成了,还要看今后学生有无落实到行动上,有无形成良好的习惯。从知道到做到,中间隔着一条巨大的鸿沟。斯坦福大学行为设计实验室创始人布恩·杰弗·福格的行为模型指出,行为发生于动机、能力和提示同时出现的时候。一个人不能在问题所在的层面解决问题,而需要跳出窠臼,重塑身份认同、改善环境,从而在行为上发生改变。因此,要把教育者与受教育者看作平等主体,使学生具备行动自觉,从实质上发生改变。

4.谈心谈话是否形成了共性问题的对策

从谈心谈话过程中很容易发现大学生中有一些共性问题,逐一解决可能费时费力,效果不一定好。这时,可以采用团队辅导的形式,将具有共性问题的学生组成互助小组,利用朋辈的力量来共同进步。比如,历年来"考研寝室"的成功案例已验证了朋辈间互相督促对提升学习效果的可行性和有效性,辅导员可以提前将有考研需求的学生组成"考研小组";对于不知如何规划大学生活、陷入迷茫的学生,可以通过职业规划工作坊的形式,组织自我认知、职业世界探索、模拟面试、简历门诊、生涯设计等活动,帮助他们规划生涯发展路径。对共性问题的总结提炼有利于学生工作的顺利开展。

[①] 马新龙.新时代高校辅导员谈心谈话教育有效性与模型建构[J].中国多媒体与网络教学学报(上旬刊),2019(9):103-104.

5.谈心谈话是否加深了学生的信任度

通过谈话,了解学生对辅导员的信任程度,学生是否愿意推心置腹地与辅导员分享他们的想法和困惑。从谈话后学生的反馈可看出,他们是否认为谈话对他们有所帮助,谈话是否增强了他们的自信心和解决问题的能力,学生真实的感受能够充分代表谈话的效果。这种评估有助于辅导员了解自己的工作效果,发现不足之处,并据此进行改进。同时,有助于辅导员更好地了解学生的需求和期望,为未来的工作提供参考。

辅导员如果感受到并未完全获得学生的信任,应当首先反思平时是否充分贴近、了解学生,在学生心中是否有一定分量的存在感。接着采取补救措施,主动向学生收集反馈,了解他们的真实感受。最后做好跟进,持续稳固学生对教师的信任度。

(四)跟进

跟进在辅导员与学生谈心谈话后具有重要的意义,它不仅是一种后续的行为,更是促进师生关系的关键环节。它可以更好地为学生提供持续支持、确保学生问题得到解决、促进学生自我发展以及维护学校秩序与稳定。因此,辅导员应重视跟进工作,当结束谈心谈话后,要继续关注学生,开展后期跟踪,了解学生的变化,巩固已经取得的成绩,同时总结升华,对学生的材料进行归档,并将其纳入日常工作中。

1.持续关注学生

学生的成长和发展是一个长期的过程,需要不断地获得支持和鼓励。通过后期跟进,辅导员能够与学生保持联系,让学生感受到持续的关怀和支持。这种支持不仅在学业方面,还包括心理、情感、职业规划等多个方面。通过分享成功案例、提供学习资源等方式,辅导员可以为学生提供帮助和指导。这种持续的互动有助于加深师生之间的了解和信任,建立起更加紧密的关系。

跟进工作不但要投入真情,而且必须认真思考。辅导员通过有意义的谈心谈话方式接近学生,争取做他们的知心朋友。辅导员应掌握并运用多种沟通技巧,对于学生提出的不同问题,应采取多样化的应对策略:对于表现优异、全面发展的学生,应提出较高的要求;对于在班级中默默无闻、偶尔犯下小错误的学生，应当肯定其优点，指出其不足，并鼓励其争做学习榜样；对于经常违纪的学生，可以引导他正视问题，让他进一步认识到自己的错误并进行改正；对于心理脆弱、敏感的学生，应当积极鼓励，家校共同努力帮助他走出心理困境。

2.加强沟通与交流

辅导员与学生的谈心谈话是一种基于平等、尊重与信任的深度对话艺术，要求教育工作者不断提升自身的沟通能力和心理辅导水平，关注每名学生的个性化需求，提供适应其发展的个性化指导，助力学生的全面成长。

辅导员应加强与学生的沟通和交流，建立良好的师生关系。通过定期举办主题班会、主题团日等多样化的集中讨论形式，减少单纯的一对一面谈方法，及时、合理地策划好讨论的议题，提高学生参加的兴趣。

辅导员还应当提升自身的语言技能，充分发挥语言的魅力，运用倾听技术、复述技术、共情技术、提问技术、情绪处理技术等，灵活运用线上线下相结合的方式与学生进行交流。谈心谈话后，学生可能会提出一些需要解决的问题或困扰。通过跟进，辅导员可以及时了解学生的近况和进展，确保问题得到妥善解决[①]。如果问题未解决或解决效果不佳，辅导员可以及时调整策略，寻求更有效的解决方案，从而避免问题被忽视或延误。

3.提供更多资源

辅导员应积极寻找和整合更多的学习资源、心理咨询资源等，为学生提供全面的支持和帮助，鼓励学生进行自我反思和自我管理；可以引导学生思考自己在解决问题过程中的表现和不足，并寻找改进的方法。这种自我发展的过程有助于提升学生的综合素质和能力，为他们的未来发展奠定坚实的基础。

（1）学习资源。

①推荐学习资源。推荐相关书籍、期刊、在线课程等学习资料，以满

---

① 谢翠艳.提升高职辅导员谈心谈话工作实效的路径探析[J].现代职业教育，2023（8）：165-168.

足学生的学术需求。介绍学校图书馆、数据库等资源的使用方法和技巧,帮助学生充分利用这些资源。分享学术网站、论坛和社交媒体群组,以拓宽学生的学术视野。

②传授学习技巧。辅导员通过与任课教师交流,帮助学生了解课程要求和学习目标。提供个性化的学习计划和时间表,使学习、兴趣和社交活动时间均衡。指导学生有效地管理时间和资源,以提高其学习效率。举办学习方法分享会或研讨会,邀请优秀的高年级学生介绍有效的学习技巧和策略。同时,可以为有需求的学生提供一对一的辅导服务,帮助学生解决学习中的具体问题。

③营造学术氛围。组织学习交流会、学术讲座等活动,激发学生的学习兴趣和热情。协助学生申请奖学金、助学金等学术资助,通过树立优秀榜样,激励学生积极进取,激发学生在学业上的动力和追求。倡导学术诚信和学术规范,维护良好的学术氛围。

④指导职业规划。帮助学生了解不同专业和职业领域的就业前景和发展趋势。提供实习、兼职等机会的信息,让学生积累实践经验。组织职业规划讲座或成立工作坊,传授求职技巧和面试经验。

(2)心理咨询资源。

①建立信任与支持。与学生建立良好的关系,通过真诚的沟通和倾听,让学生感受到信任和支持。通过定期举办辅导会议、进行问卷调查或观察,深入了解学生的心理需求,从而有针对性地进行心理辅导。关注学生潜在的心理健康问题(如焦虑、抑郁、压力等),及时介入和提供专业的辅导支持。保证学生信息的私密性,确保学生在寻求帮助时感到安全和放心。同时,针对不同学生,提供多种心理辅导的方式(如个体辅导、小组讨论或在线咨询等),以适应不同学生的需求和偏好。积极向学生介绍心理辅导资源和工具(如心理健康手册、自助工具或热线电话等),以便学生在需要时能够自主选择。

②心理教育与培训。开展心理教育和培训活动,提高学生的心理健康意识和心理知识。组织心理讲座、研讨会,成立工作坊,向学生传授应对压力、情绪管理和人际关系等方面的技巧。鼓励学生在平日相处过程中主动表达自己的心声,并提供相应的资源和支持。让学生了解心理咨询的重要性和益处,降低他们寻求帮助的门槛。

第三章　谈心谈话规范

一、第一时间"十必谈"

（一）学生或其家庭遭受挫折、变故、意外时必谈

当学生个人或其家庭遭遇重大变故或突发紧急事件时，学生的情绪往往会受到影响，出现情绪波动、低落等情况，如不及时开展谈心谈话工作，将会影响学生的身心健康。在与此类学生谈话时，核心目标在于快速了解学生或其家庭所遭遇变故的具体情况，以此为基础，通过谈心谈话为学生提供支持和关爱，调节学生的情绪，加强对学生的心理疏导，以便进一步开展有针对性的帮扶工作。

在谈话中，辅导员首先要建立与学生之间的信任关系，拉近师生距离。谈话伊始要以倾听为主，给予学生充分的关注与支持，以便全面了解学生当前境况，让学生感受到关心。辅导员应鼓励和引导学生平复心情，以积极向上的心态面对挫折。如学生短期内失去生活保障，辅导员可根据国家、学校的有关规定，为学生细致介绍相关政策及申领方式，帮助学生缓解所面临的经济压力。需要注意的是，大学生仍处于心智相对不成熟的阶段，在面对突发变故或紧急事件时，其心理承受能力相对较弱，往往需要相当长的时间调整和恢复。此类案例需要辅导员持续积极关注和沟通，如有必要，可建议学生前往医院就诊或进行心理咨询。

（二）学生思想情感波动、言行异常时必谈

学生的思想情感波动或言行异常，背后必定存在相应的原因。谈话的主要目的包含两个方面。一方面，调查清楚学生言行异常的真实原因，了解学生近期的生活状态以及身边是否发生特别的事件；另一方面，以沟通、疏导等方式引导学生平复情绪，以免学生因一时冲动导致不理智行为的发生。

谈话中，辅导员可从学生近期言行异常的表现入手，关切地询问学生近期是否遇到困难或有什么特殊事件发生。例如，学生处于恋爱状态，可以询问其恋爱关系的具体情况，情感状态是否出现变化。值得注意的是，一部分学生性格相对比较内向，他们不愿意将真实想法和经历完全暴露给辅导员，这种情况需要辅导员循循善诱，悉心沟通，发掘其异常行为背后的真实原因。在此基础上，方可对症下药，引导学生缓解不良情绪，以积极、健康的心态面对学习生活。

（三）学生有心理问题时必谈

当代大学生所面临的心理问题类型众多、成因复杂，其中一部分能够在学生的日常学习、生活的行为表现中有所显现。当辅导员觉察到学生可能存在心理问题、心理障碍时，要及时与学生展开谈心谈话。在谈话中尽快对学生当前的心理状态作出评估，如果事态严重，要考虑立即联系家长并建议家长陪同学生就医。即便学生看起来情绪稳定，也存在突然发生过激行为的可能性。因此，要对此类学生保持密切关注。

谈话要从诱发学生心理问题的事件或学生的近况入手，询问学生对于最近发生的事件、过往学习生活经历等的看法和感受。了解学生真实想法与实际情况。对于仅存在心理障碍，但尚未发展为深层次心理问题的学生，可结合学生性格特点与成长经历，进行针对性心理疏导，缓解学生心理压力，促进问题解决。对于成因复杂的心理问题，辅导员往往不具备丰富的心理咨询、心理健康治疗的经验，应建议学生到专业医疗机构治疗，切忌过度干预。

（四）学生违纪受处分时必谈

当学生因出现违纪行为受到处分时，辅导员需要通过谈心谈话解决两个核心问题。

一是学生的教育引导。要在谈话中厘清学生出现违纪行为的主观想法、客观环境，帮助学生充分认识到其在思想、行为上出现的偏差，及时纠偏。辅导员要用纪律说话，带领学生共同学习相关法律法规和纪律要求，帮助学生树立规则意识。

二是学生的心理疏导。要在谈话中帮助学生树立知错能改的积极品格，帮助学生增强接续奋斗的前进动力。学生受到处分后，虽然有错在身,但是情绪上会因此出现较大波动,更有甚者会出现一些过激行为。辅导员在谈话中要引导学生平复心情,虚心接受批评教育,正确认识处分。对于情绪不稳定或状态低迷的学生,应当积极跟进,一段时间内保持密切关注。同时,辅导员可以引导学生辩证地看待纪律处分所带来的影响,鼓励学生将解除处分的需求和接续奋斗的动力有机统一,以更好的表现迎接后续的学习生活挑战。

(五) 学生考试成绩不及格或发生学籍异动时必谈

对于处在低年级的学生,特别是大学一年级的学生,辅导员应当在学期结束时及时了解学生成绩,尽快与考试成绩不及格的学生进行沟通,主要目的是深入了解学生的日常学习情况,分析学生是否受到外部因素影响导致学习状态下降。同时,针对不同情况,结合学籍管理规定中学业预警的相关规定,要及时向学生本人及其监护人进行情况通报。

对于发生学籍异动的学生,辅导员应在这一阶段给予学生更多关怀和帮助,往往学籍异动的背后都存在着学习困难、心理问题等深层次原因。谈话的最核心目的在于让学生对于所处境况具有清晰认知,了解学校对学籍管理、学位授予的相关规定,认识到努力学习对自己顺利毕业的重要性。

无论是考试成绩不合格学生还是发生学籍异动的学生,辅导员在谈话中应着重了解学生在学习过程中的细节。例如,"每天是否正常上课?是否上自习?平均每周投入在学习中的时间有多少?"可从学生学习的习惯、行为入手,分析学生考试成绩不合格和发生学籍异动的原因,为学生提出学习方面的建设性意见,引导学生树立正确的学习观念,养成良好的学习习惯,从而避免考试成绩不合格再次发生,将良好的学风从学生推广到寝室,再逐步推广到整个班级。而对于连续或多次出现学籍异动的学生,辅导员和学生往往都比较了解其学业困难的原因和情况,在谈话中应该严肃、客观,站在学生的角度为学生分析可能面临的风险等。同时,应该倾听学生对未来的规划和想法。例如,"你现在已经达到学制要求的最大修读年限了,想要顺利从学校毕业,还是需要下很大功夫。对于这一阶段的学习生活有什么打算吗?"如有学习之外的因素影响学生的日常学习,辅导员要认真对待,及时干预。

（六）学生就业遇到困难时必谈

由于引起就业难的主要原因复杂多样（如就业观念滞后、缺乏长远规划、慢就业、期望值高、综合素质低、家庭经济依赖、缺乏就业动力等），因此，谈话的主要目的是了解学生暂时未能实现就业的深层次原因。

谈话应当从学生未就业的深层次原因入手，引导学生做好充分准备，合理规划升学、就业。辅导员指导学生梳理自身的学业成绩、技能证书、实习经历等，帮助学生认识到自身的优势和劣势，有针对性地提供个性化辅导，促使学生在特定领域取得突破，从而有效地缩小理想职业目标与现实能力之间的差距。此外，还需要引导学生树立正确的就业观念，认识到就业是一个过程，需要持之以恒地努力，而不是一蹴而就的结果。

（七）学生干部职务调整时必谈

随着学生年级增长，经验、阅历不断丰富，学生干部的职务也会随着学生个人的发展要求不断调整。当学生干部的职务发生调整时，辅导员要在谈话中进一步明确学生干部的职务职责，了解学生对于学生干部职务的了解和认识，对于认识不足或不到位的地方，要予以纠正和教育，以便学生干部能更好地适应新职务，服务于学生工作。

谈话中，可以让学生结合这段时间的工作内容和经历谈谈感受，对上一阶段的工作进行总结，对下一阶段的工作进行计划和展望。在倾听学生干部表述的同时，能够了解其思想动态。对于自我定位不明确、未来规划比较迷茫的学生干部，要予以鼓励和支持；对于缺乏服务意识的学生干部，要进行批评教育、正确指导。

（八）经济困难学生、拖欠学费学生必谈

经济困难学生群体在高校中占有一定比例，对经济困难学生的谈心谈话属于常态化工作。在谈话过程中，要全面了解学生的经济状况和家庭情况。此外，还要弄清学生是否有因家庭经济困难或突遭重大变故，参与网贷、误入传销或被诈骗等情况。

谈话可从学生近期的学习生活情况入手，了解学生近期经历的生活事件，关注学生的生活质量。对于经济情况拮据、生活困难的，可根据实际

情况为学生申请困难补助、建议学生申请助学贷款等。如果学生遭遇网贷、传销、诈骗等情况，需立刻采取行动进行干预，必要时可选择报警，帮助学生止损。同时，应避免因经济问题造成心理、学业等问题。特别是对于临近毕业的学生，要阐明按时缴纳学费、按时偿还助学贷款是学生的应尽义务，对其进行正确的引导与教育。

（九）有不良爱好的学生必谈

受互联网高速发展的影响，多种外来文化在网络上交汇混杂，对世界观、人生观和价值观尚未完全成熟的青年学生造成了极大的冲击，导致学生非常容易沉迷于电子游戏，往往会逐步影响学生正常的学业生活，进而对学生的成长与发展造成不良影响。对于此类学生，辅导员要依靠谈心谈话做好思想教育工作，引导学生正确看待业余爱好，强调以学业为重，以个人成长成才为重。

在谈话过程中，辅导员要从学生的兴趣点入手，可先讨论学生所沉迷的不良爱好的相关内容，引发学生的兴趣，有助于开启话题。随后，可询问学生在此类爱好中的最大收获，了解学生当前所面临的困难与成长需求，要让学生正确意识到过度痴迷非学业爱好，消耗时间过多对学生的个人成长有害。鼓励学生将目光放长远，积极提高自身能力，为日后步入社会打下良好的基础。

（十）校外住宿、走读学生必谈

随着社会发展与经济水平的提高，当代大学生由于生活习惯、身体健康等因素，选择校外住宿、走读的比例不断上升，为高校学生日常管理带来了全新的挑战。对于校外住宿学生群体，在学校要求的校外住宿手续基础之上，辅导员还需要在第一时间开展谈心谈话，其目的在于了解学生在校外住宿期间的生活环境和生活事件，判断校外住宿期间的环境在学生日常学习、生活等方面是否存在风险和隐患。由于校外住宿学生往往不与大部分学生同住，一旦发生安全事故，后果难以预估，辅导员也很难在第一时间赶到现场进行处理。因此，要做好校外住宿学生的安全教育，提高学生的安全意识，教育学生遇到紧急情况第一时间求助、报告。

二、谈心谈话的误区

（一）居高临下

辅导员谈心谈话中的"居高临下"误区，指的是辅导员在与学生进行交流时，不经意间流露出的一种高高在上、傲慢且严肃的态度。这种态度不仅缺乏亲和力，而且给学生带来一种被动接受、难以平等沟通的感觉。这一误区具体表现在以下几个方面。

其一，从态度上来看，辅导员有时会不自觉地展现出傲慢或严厉，这让学生感觉与辅导员之间有一条难以逾越的鸿沟。辅导员可能缺乏足够的耐心去倾听学生的心声，也无法充分理解学生的困惑和需求。更为严重的是，部分辅导员在与学生交流时，会过分强调自己的专业知识、个人成就，这无疑加重了学生的压抑感，使得他们觉得自己的意见和感受根本不被重视，双方之间难以实现真正的平等交流。正如毛泽东所言："要人家服，只能说服，不能压服。压服的结果总是压而不服。……我们一定要学会通过辩论的方法、说理的方法，来克服各种错误思想。"以理服人不仅是一种沟通的策略，更是对学生基本的尊重。

其二，从语气上来看，辅导员在与学生沟通时，可能会使用一些带有权威性、强迫性的严肃语气，如"你必须""你应该""你绝对不能"等，甚至有时会用一种轻蔑或不耐烦的口吻，如"我不要你觉得……我觉得辅导员……"。这种语气不仅无法拉近与学生的距离，反而会让学生感到被强迫和极度不适。更为关键的是，如果辅导员在谈话中缺乏鼓励和肯定的言辞，学生会感到孤立无援，自我价值感也会受到严重打击。

其三，辅导员在与学生交流时，可能会保持一种明显的身体或心理距离。比如，辅导员可能会选择高高的坐姿，双臂交叉于胸前，站立时与学生保持过远的距离，缺乏必要的眼神交流，或者回应时显得冷漠。这些行为都会让学生感到不自在和被排斥，从而无法与辅导员建立起真正的信任和联系。

显然，这种"居高临下"的谈话方式会严重阻碍与学生的有效沟通。学生很快就会产生敌对和抵触情绪，不愿意向辅导员寻求帮助或分享自己的困扰。长此以往，学生对辅导员的信任感和依赖感也会大打折扣。

为了避免这种误区的出现，辅导员在与学生进行谈心时，应该采取平等和尊重的态度。辅导员需要积极关心学生的学习、生活、思想动态以及身心健康，用心倾听学生的心声，及时为他们排忧解难。只有这样，辅导员才能真正赢得学生的尊重和信任，成为他们成长道路上的知心朋友和引路人。

（二）浮于表面

辅导员谈心谈话中的"浮于表面"误区，是指在与学生交流时，辅导员没有能够触及学生的内心深处，只是停留在问题的表面，无法真正解决学生的实际困难。这种误区会阻碍有效的师生沟通，并可能影响学生的心理健康发展。"浮于表面"这一误区主要表现在如下几个方面。

其一，从交流深度上来看，辅导员如果只是在谈话中浅尝辄止，没有深入探究学生的真实想法和感受，那么这种交流无法触及问题的核心。例如，当学生面临学习压力、人际关系困扰或情感问题时，辅导员如果只是简单地给予一些泛泛的建议，如"你要努力学习""你要和同学友好相处"等，而没有深入了解学生的具体困境和需求，那么这些建议就很难真正帮助学生。

其二，从倾听的角度来看，辅导员在与学生交流时，需要全神贯注地倾听学生的心声。如果辅导员只是表面上在听，并没有真正理解学生的意思，或者急于给出自己的见解和建议，那么这种倾听就是浮于表面的。真正的倾听需要辅导员放下主观判断，只有站在学生的角度去理解他们的感受和需求，才能更好地帮助学生解决问题。

其三，从解决问题的角度来看，辅导员需要帮助学生找到问题的根源，并提出切实可行的解决方案。如果辅导员只是针对表面现象给出一些笼统的解决方案，而没有深入挖掘问题的本质，那么这种解决方案就很难真正奏效。例如，当学生面临学习困难时，辅导员如果只是告诉学生要"努力学习"，如果没有具体分析学生的学习方法、学习态度等方面的问题，那么学生的困难就很难得到真正的解决。

"浮于表面"的谈话方式可能导致学生对辅导员的信任感降低。当学生发现辅导员并不能真正理解他们的困境和需求时，他们可能会感到失望和沮丧，甚至对辅导员产生抵触情绪。这种信任的缺失不仅会影响学生的心理健康发展，还可能阻碍学生与辅导员之间的进一步交流。

为了避免陷入"浮于表面"的误区，辅导员在与学生进行谈心谈话时，需要更深入地了解学生的内心世界。可以通过开放式的问题引导学生表达自己的真实想法和感受，同时要注意倾听学生的反馈和意见。辅导员需要结合学生的实际情况进行深入分析，提出具体可行的解决方案。只有这样，辅导员才能真正帮助学生解决问题，赢得他们的信任和尊重。

（三）过度批评

辅导员谈心谈话中的"过度批评"误区，是指在与学生交流时，辅导员过分强调学生的不足和错误，对学生进行严厉的指责和批评，这种"得理不饶人"的态度往往会导致学生的自尊心受损，沟通效果大打折扣。"过度批评"这一误区主要体现在以下几个方面。

其一，从批评的程度来看，辅导员在指出学生的问题时，应当适度且有针对性。然而，在"过度批评"的误区中，辅导员可能会对学生的小错误或无心的过失进行过度指责，甚至将问题无限放大，给学生造成沉重的心理压力。这种严厉的批评往往让学生感到自卑和无助，不但不能帮助学生认识和改正错误，还有可能影响他们的心理健康，得不偿失。

其二，从沟通效果来看，过度批评会破坏师生之间的信任和沟通基础。当辅导员一味地指责和批评学生，而忽略学生的感受和需求时，学生会感到被误解和排斥，进而产生抵触和逆反心理。这种情况下，学生可能会关闭心扉，拒绝与辅导员进行进一步的交流，甚至产生对立情绪，使得谈心谈话失去应有的意义。

其三，从教育角度来看，辅导员的职责是引导学生认识并改正错误，帮助他们成长为更好的自己。然而，过度批评往往适得其反，可能会让学生对辅导员的能力产生怀疑，对自我价值产生否定，从而影响他们的学习和生活态度。适度的批评和鼓励相结合，才能更有效地帮助学生认识到自己的错误，并激发他们改正错误的积极性和动力。

"过度批评"可能对辅导员的形象造成负面影响。当学生感受到辅导员的严厉和苛责时，他们可能会对辅导员产生畏惧和不满情绪，进而影响辅导员在学生心目中的形象和地位。这种形象的损害不仅会影响辅导员与学生的关系，还可能对辅导员的工作开展造成困难。

为了避免"过度批评"的误区，辅导员在与学生进行谈心谈话时，应当注重批评的方式和程度。辅导员可以采用温和、有建设性的方式来指出学生的问题，同时给予学生足够的支持和鼓励。例如，辅导员可以先肯定学生的优点和进步，再指出其需要改进的地方，并给出具体的建议和指导。这样的批评方式不仅能够让学生容易接受和改正错误，还能够维护学生的自尊心和自信心。

（四）说多听少

辅导员谈心谈话中的"说多听少"误区，指的是在与学生交流时，更多的是在进行单方面的说教和灌输，而较少倾听学生的想法和感受。这种谈话方式往往导致沟通不畅，学生的真实需求和困惑被忽视，从而影响了谈心谈话的效果。以下是对"说多听少"误区的详细剖析。

其一，从谈话比例来看，辅导员陷入"说多听少"误区时往往占据了绝大部分的发言时间，而学生则处于被动接受的地位。辅导员可能会滔滔不绝地讲述道理、给出建议，却忽略了学生的反馈和需求。这种不平衡的谈话比例让学生感到自己的声音被淹没，无法有效表达自己的想法和感受。

其二，从倾听的角度来看，"说多听少"的谈话方式导致辅导员缺乏对学生真实想法和感受的了解。有效的沟通需要双方都能充分表达自己的观点，并倾听对方的意见。然而，在说教式谈话中，辅导员往往只关注自己的表达，而忽视了学生的声音。这种缺乏倾听的沟通方式很容易让学生感到被忽视和不被理解，从而让谈话的效果大打折扣。

其三，从解决问题的角度来看，"说多听少"不利于找到学生问题的真正症结所在。辅导员在说教式谈话中给出的建议和解决方案往往基于自己的经验和判断，而没有充分考虑学生的实际情况和需求。但是这些建议和方案可能并不适合学生，甚至可能产生相反效果。只有通过充分地倾听和了解学生的真实想法，辅导员才能更准确地找到问题的关键，并给出更有针对性的建议和帮助。

"说多听少"的谈话方式可能影响学生的主动性和自我成长能力。如果辅导员过多地进行说教和灌输，学生就会变得依赖和被动，缺乏独立思考和解决问题的能力。长期下去，对培养学生的自主性和创造性是十分不利的，同时会阻碍学生的个人成长和发展。

为了避免陷入"说多听少"的误区，辅导员在与学生进行谈心谈话时，应该更加注重倾听和了解学生的想法和感受。辅导员可以通过提问和

反馈的方式引导学生表达自己的观点,给予学生充分的表达空间和时间。同时,辅导员需要学会控制自己的发言时间,避免过多地说教和灌输,而要更多地以引导者和支持者的身份出现。

在倾听的过程中,辅导员需要注意理解学生的非言语信息(如面部表情、肢体动作等),这些都能为学生提供更多的情感和信息支持。通过充分地倾听和理解,辅导员不仅能准确地把握学生的问题和需求,还能建立起与学生之间的信任和共鸣,为后续的帮助和指导奠定良好的基础。

(五)急于求成

辅导员在谈心谈话过程陷入"急于求成"误区时,往往带着"一次性解决全部问题"这样的心态,是指在与学生进行交流时,辅导员期望通过一次谈话就能解决学生面临的所有问题。然而,这种急于求成的态度往往忽视了问题的复杂性和学生个体的差异性,可能导致谈话效果不佳,甚至适得其反。以下是对"急于求成"误区的详细分析。

其一,从解决问题的角度来看,急于求成往往让辅导员在谈话中试图一次性解决所有问题,这在实际操作中是非常困难的。学生的问题可能涉及学习、生活、情感等多个方面,而且每个方面的问题又可能相互交织、相互影响。因此,期望通过一次简短的谈话就彻底解决这些问题是不现实的。此外,每名学生的情况都是独特的,他们的问题根源、性格特点和应对方式都各不相同。这就需要辅导员有足够的耐心和细心,去深入了解每名学生的具体情况,然后有针对性地提供帮助。

其二,从学生的心理感受来看,急于求成的谈话方式可能会让学生感到有压力和不适。当辅导员在谈话中表现出强烈的解决问题欲望时,学生可能会觉得自己被逼迫或不被理解。这种压力可能让学生产生抵触情绪,甚至拒绝与辅导员进一步沟通。相反,如果辅导员能够以一种更为轻松、自然的方式与学生交流,逐步引导学生表达自己的想法和感受,那么学生将有可能敞开心扉,与辅导员建立真正的信任关系。

其三,从谈话的持续性来看,急于求成的心态不利于建立长期的辅导关系。学生的问题往往不是通过一次谈话就能完全解决的,而是需要辅导员和学生共同努力、持续跟进。如果辅导员过于追求一次性解决问题,那么就可能会忽视后续的跟进和支持,导致学生无法得到持续有效的帮助。因此,辅导员需要有一种长期投入的心态,愿意与学生建立稳定的辅导关系，并提供持续的支持和引导。

为了避免陷入"急于求成"的误区，辅导员在与学生进行谈心谈话时，应该保持耐心和细心，深入了解学生的具体情况和需求。可以通过多次谈话来逐步解决学生的问题，而不是试图一次性解决所有问题。同时，辅导员需要关注学生的反馈和解决问题的进展，根据实际情况调整谈话策略和方法。

此外，辅导员可以与其他专业人士（如心理辅导员、学业指导教师等）合作，共同为学生提供更全面、专业的支持和帮助。通过团队合作和资源共享，辅导员可以更有效地解决学生面临的问题，促进学生的全面发展和成长。

（六）千篇一律

辅导员谈心谈话中的"千篇一律"误区，指的是在与学生进行交流时，辅导员采用一种固定化、模式化的谈话方式，没有充分考虑每名学生的独特性和问题的具体性。这种谈话方式往往导致学生感到不被重视，从而无法真正解决问题，甚至影响谈话效果和学生的成长发展。以下是对"千篇一律"误区的详细分析。

其一，每名学生都是独一无二的个体，他们有着不同的成长背景、性格特点、兴趣爱好和面对的问题。因此，辅导员在与学生进行谈心谈话时，应该充分考虑这些因素，采用个性化的谈话方式。然而，在"千篇一律"的误区中，辅导员往往忽视了学生的个性差异，对所有学生采用相同的谈话内容、方式和策略。这种"一刀切"的做法不仅无法真正解决学生的问题，还可能让学生感到被误解和不被重视，从而降低谈话的效果。

其二，从谈话内容上来看，"千篇一律"的误区表现在辅导员经常使用一些套话、空话，缺乏对学生实际问题的深入了解和针对性分析。例如，不论学生面临的是学习困难、人际关系问题还是情感困扰，辅导员可能都只是简单地给予一些通用的建议和鼓励，而没有针对学生的具体问题进行深入剖析和个性化指导。这样的谈话内容往往让学生感到空洞和无用，没有获得真正的帮助。

其三，"千篇一律"的谈话方式还可能阻碍辅导员与学生之间建立真正的信任和共鸣。当学生发现辅导员并没有真正了解自己的问题和需求时，他们可能会感到失望和沮丧，对辅导员的信任感也会大打折扣。这种

信任的缺失不仅会影响谈话的效果,还可能阻碍学生与辅导员之间的进一步交流和合作。

为了避免陷入"千篇一律"的误区,辅导员在与学生进行谈心谈话时,应该制订个性化和针对性的解决方案。辅导员可以通过深入了解学生的背景、性格和问题,确定谈话的计划和策略。在谈话过程中,辅导员要关注学生的反馈和需求,及时调整谈话内容和方式,确保谈话能够真正解决学生的问题,促进学生的成长发展。

此外,辅导员可以采用多种谈话技巧和方法来增强谈话的针对性和有效性。例如,可以使用开放式问题引导学生表达自己的观点和感受,通过倾听和反馈来理解学生的需求和困惑,以及采用具体化的建议和指导来帮助学生解决问题。这些技巧和方法都有助于辅导员更好地了解学生、理解学生并帮助学生,并建立起真正的信任和共鸣关系。

第四章 谈心谈话技巧

一、通用技巧

（一）倾听

倾听指专心地、全神贯注地听取别人的言语，理解其意思和感受。在谈心谈话中，倾听常被描述为辅导员深入地听取和理解学生言语的行为，不仅是简单地听学生讲话的内容，更是通过积极的注意和理解，捕捉学生的内心体验、情感状态以及表达的含义。

1.倾听的功能与作用

倾听是沟通的开始，是真实理解的基础，也是传达温暖和尊重、无条件积极关注和共情性理解的过程。倾听具有建立良好师生关系、鼓励学生多表达自己的思想和感受的功能，同时，倾听本身也具有助人的效果，它贯穿助人过程的始终，是辅导员谈心谈话的基本功，不会倾听的人无法成为合格的辅导员。

2.倾听的方法和要点

（1）保持积极的倾听姿态。吉拉德·伊根在《高明的心理助人者》（*The Skilled Helper*）中提出的倾听五要素（也被称为SOLER模型），在辅导员与学生的谈心谈话中同样适用，被谈话的学生会因为诸多困扰需要表达情感，需要获得支持和鼓励。那么SOLER在辅导员的谈心谈话中的应用为：

S（Face the student squarely）表示面对学生：辅导员应该直接面对学生，表示出对学生的重视和全神贯注的态度，尽量避免被办公桌分隔，或因为同时开展的其他业务工作占用和学生谈话的时间，分散精力，阻拦视线。

O（Adopt an open posture）表示采取开放的姿势：在倾听的过程中，非语言的姿势同样可以传递信息。辅导员应该采用能够传递友好、接纳的姿势，放下打开的双臂，而非交叉抱胸，因为手臂交叉抱胸代表着防御和疏离。开放的姿势能够传递愿意倾听和接受学生想法及感受的信号，这种姿势也让谈话的学生首先感到友好。

L（Lean towards the student）表示向学生倾斜：在谈话开始之后，辅导员可以适当地向前倾斜身体，表示出对学生话题的兴趣和参与，让学生感受到辅导员在真正地关心自己，而非例行公事一般被动接收信息。

E（Maintain good eye contact）表示保持良好的眼神交流：眼睛是心灵的窗口，眼神中蕴含的信息相当丰富，且眼神交流具有跨文化的普遍性。保持适度的眼神交流，可以传达出辅导员对学生的关注和理解。但要注意不要让学生感到不适或受到压力，眼神交流应自然、适度。

R（Relax）表示放松：辅导员应保持放松的状态，谈话总是循序渐进的，问题解决也只能是阶段性目标，立德树人才是根本任务。即使学生有不当行为，辅导员也尽量不要被负面情绪包裹，要为学生创造放松的交流环境，让学生更愿意敞开心扉。

（2）积极地、参与地倾听。经验不足的辅导员先进行结构式的倾听来理解学生的言语信息是十分必要的。具体来说，可以从学生的经验、行为、情感三方面去倾听，这样可以很好地掌握局面。善于倾听，不仅在于听，还要有参与，有适当的反应。反应可以是言语的，也可以是非言语的，比如用"嗯""是的""然后呢""请继续"等言语来鼓励学生继续说下去，或者用微笑、眼睛的关注、身体的前倾、相呼应的点头等方式。

（3）倾听、理解学生。每一名学生都有其不同的成长环境和成长经历，只有从学生的成长环境和成长经历出发，才能更好地理解学生的行为表现和思维模式。

3.倾听的注意事项

（1）避免不充分的倾听。倾听很容易分心、溜号，或陷入自我情绪中，或以己度人，或因疲劳、困倦不能集中注意力等，这些都不利于做到良好地倾听。

（2）避免评判性、标签式、过滤式倾听。已有的知识经验为辅导员们提供了一个分类标准，辅导员可能会很自然地在倾听的同时给学生贴标签。辅导员要有足够的意识，要不断地自我询问："我听到的、理解的是学生真正呈现的，还是我自己的头脑中加工过的？"

(3) 避免预演对话影响倾听。面对越来越多的信息和问题,新入职辅导员可能会在头脑中紧张地搜索回应的方式,努力思考如何进行好谈话的下一步,这会让辅导员沉浸于内心世界而停止倾听。

(4) 避免干扰、转移学生的话题。辅导员可能带过很多学生,对于帮助学生解决不同问题经验丰富,但对于某个学生个体来说,当下所经历的可能都是独一无二的,如果辅导员不能换位思考,轻视学生的问题,认为对方是大惊小怪、无事生非,有不耐烦的态度,或者不时插话,打断学生的叙述而转移话题,这些都不是一名合格的辅导员应该做的。

（二）共情

辅导员对学生内心世界的理解及体验称为"共情",又称"同理心"。

在谈心谈话过程中,共情是一种至关重要的力量,是心灵间的深度连接,是倾听与感知的艺术。如何理解学生是非常重要的。有些辅导员只是站在自己的角度来和学生对话,这样往往不能与学生真诚、温暖地互动。学生感觉自己没有被理解,有被说教的感觉,进而影响师生交流。

在谈心谈话过程中,共情是指辅导员体验学生内心世界的能力。具体含义包括三点：第一,辅导员通过学生的言行,深入对方内心去体验其情感与思维；第二,辅导员借助知识和经验,把握学生的体验、经历和人格之间的联系,更深刻地理解学生的具体问题的实质；第三,辅导员运用谈话技巧,把自己的共情传达给对方,表达对学生内心世界的体验和所面临问题的理解,影响对方并取得反馈。

1.共情的功能和作用

第一,辅导员通过共情,能够设身处地地理解学生,透过学生的掩饰,把握学生的内心世界,理解学生真正的问题和需求。

第二,辅导员通过共情,使学生感到被理解和接纳,从而拉近双方的距离,促进良好关系的建立,有效建立起积极、开放的交流氛围,为谈话的深入做好铺垫。

第三,辅导员的共情能够鼓励并促进学生进行深入的自我探索,促进学生的自省,使其清楚自己的需求和目标,促进学生自我表达,也促成学生深入、全面、准确地认识自我。

第四,谈心谈话的过程本身是一个关注的过程,而共情能够让这样的

关怀更加温暖。部分学生因为客观因素长期被忽视,迫切需要理解、关怀,迫切需要情感倾诉,辅导员的共情可以直接取得明显的助人效果。

2.共情的方法和要点

(1)学会换位思考和感同身受。辅导员和被谈话学生的人生经历、成长环境、个性特点、认知能力、行为模式不相同,辅导员如果只从自己的参照系出发,没有体会到对方的情绪情感,就不是共情式的谈话,也无法实现共情,因而学生也不会感到被理解。例如,家长省吃俭用给学生买的手机丢了,学生内疚自责,用不吃饭来惩罚自己,辅导员认为自己可以理解学生家庭经济困难,但认为绝食的行为是小题大做,安慰道:"你不要难过了,过去的事情已经没有办法改变了。"学生听后更加封闭内心,失去倾诉的欲望。辅导员应该从学生的角度而不是自己的角度去看待学生及其存在的问题,要理解学生的处境,体验其内心世界,从理性上换位思考,理解学生产生这些行为的原因,在感性上感同身受,理解学生经历的痛苦、焦虑等情绪感受。

(2)做出完整的回应,指出潜在的情感。好的共情应该贯穿谈话始终,在恰当的时候做出反馈。高水平的共情反馈通常要建立在倾听和理解之上,能够全神贯注地倾听对方说话,并且理解其表达的含义和感受,通过语言和非语言方式表达对对方感受和情境的理解。例如,使用富有同理心的语言来反映对方的感受和体验,进一步展现学生因为表达能力受限等原因导致隐藏在心底的感受或情绪。同时,为了确保学生的感受被理解,可以通过简短的提问来和学生进行确认。

例如:"因为是女朋友先跟你提出的分手,你很难过,有点难以置信,并且好像还有点怨恨她这么做,是这样吗?"

3.共情的注意事项

(1)共情应该把握时机。共情并非无时无刻地一味理解学生的内心世界,而是在学生的心灵之声自然流露之际,耐心等待,以免打断学生的思绪,否则辅导员可能会因为急于表态而出现误解,扰乱学生的思路和情绪。最恰当的时机,是待学生将某一问题及其伴随的情感全然呈现之后,辅导员再以共情之心相应和。

(2)共情应该适度。共情的表达需恰如其分,共情的深度与广度,应与学生所面临问题的严峻程度、内心感受的强烈程度一致。过度共情可能使求助者感到辅导员小题大做，进而产生不必要的误解；而共情不足，则可能让求助者觉得辅导员不理解自己或理解得不够深入、准确，从而影响其继续咨询的积极性。因此，辅导员应在充分理解学生的基础上，适度、恰当地表达共情。

（3）共情应该因人而异。辅导员表达共情的目的是准确地理解学生，鼓励学生更加坦诚深入地自我探索，但是学生具有不同的个性，对待共情的理解和接受程度也各有不同。因此，辅导员需要根据不同的学生，调整共情的方式和程度。例如，自我价值感低的学生相较于具有很强自我效能感的学生需要更多的共情，想要进行情感宣泄的学生会比想要寻求具体问题解决方法的学生需要更多的共情。辅导员需要在谈话中不断验证确认是否达到共情。

（三）提问

提问可分为开放式提问和封闭性提问。开放式提问通常使用"什么""如何""能不能""愿不愿意"等词来发问，目的是引导学生对有关问题、思想、情感进行拓展或给予详细说明。开放式提问没有固定答案，容许学生拓展，从而带来较多的信息。例如，你是如何看待这次宿舍矛盾的呢？

封闭式提问通常使用"是不是""对不对""要不要""有没有"等，学生可根据事实状况用"是"或"否"回答。封闭式提问可以用于收集学生分享的信息并加以条理化，澄清事实，获取重点，缩小范围。

1.提问的功能和作用

辅导员在与学生谈心谈话的过程中，可以使用提问技巧，配合谈话目标，帮助学生表达、反思和理解自己的思想、感受和行为。如何掌握提问的技巧是辅导员需要反复体会和实践的基本功。

2.提问的方法和要点

（1）运用提问打开谈话[①]。可以用开放式的问题开启谈话，营造可自

---

① 艾伦·E.艾维，玛丽·布莱福德·艾维，卡洛斯·P.扎拉奎特.心理咨询的技巧和策略：意向性会谈和咨询[M].陆峥，何昊，石骏，等译.8版.上海：上海社会科学院出版社，2018.

由讨论的氛围，给交谈留下足够的空间，当遇到不健谈的学生时，可以采用生活化的问句作为开场。

例如："你最近状态怎么样？""这几天过得如何？"

（2）运用提问推进谈话。使用开放式问题和封闭式问题相结合的方式，了解重要事件的发生发展过程，了解学生的想法、产生的情绪和采取的观念，从而了解重要事情全貌，掌握学生个性特点，从而更有助于选择合适的解决问题的方法。

例如："能和我说说出现冲突后更多的情况吗？""他说出那句话的时候你有什么感受？""我听到你说自己对生命意义和人生价值的想法不够成熟，你能给我一个具体、明确的例子吗？"

（3）运用提问帮助学生找到优点。如果谈话中学生分享的消极内容较多，学生也因为回忆而情绪低落，那么可以用提问的方式寻找学生的优点，增强学生的积极性。

例如："你过去引以为傲的是什么呢？能和我分享一下具体的细节吗？""你是否能回忆出，你的家人或者朋友在处理类似困难的时候都做了什么？""你过去是否遇到过相似的困难，你什么时候处理得比较好？"

（4）运用提问激发学生改变的动力。通过引导学生想象解决问题后的美好愿景，或者目标已经实现后的情景，引导学生思考当下如何做才能向目标靠近，从而激发学生的动力。

例如："假如有魔法，一夜之间，困扰你的问题全都不见了，你醒来之后，注意到什么会知道奇迹出现了呢？""如果我从第三视角观察，你的困难已经改变，那么我会观察到你的哪些行为或者看到哪些情景呢？"

（5）运用提问量化抽象概念[1]。用1至10分作为量尺，请学生将问题的严重程度、情绪强度、想要达到的目的等抽象概念转变为具体的量化维度。辅导员可根据学生给出的评分进行评估和对比，讨论分数的意义和改变分数的方法，通过量化，让学生看到自己抽象的愿景可以转化为具体的阶段和完成阶段性目标的步骤。还可以协助学生澄清以及表达难以言语的内心状态。

例如："以1到10分进行评分，1分是你解决问题后平静的状态，10分

---

[1] 许维素.建构解决之道：焦点解决短期治疗[M].宁波：宁波出版社，2013.

是相反的情况,你现在在几分位置呢?""你需要做些什么才能够改变1分呢?""你觉得这周的情绪状态能给7分,那么没给的3分主要扣在哪里呢?"

3.提问的注意事项

(1)提问不是为了满足好奇心。提问的目的是了解情况,而不是满足自己的好奇心或窥视欲。要时刻牢记提问要以解决问题为目标,以学生的健康成长为核心。

(2)注意提问的语气。提问时,语气要平和、礼貌、真诚,不能给学生以被审问的感觉,提问不是质问,更不能假借提问之名,使学生感受到压迫感。同样的一句话,不同的神态、语气、语调以及在不同的关系中,会产生不同的效果。例如:"你为什么和他打架?""为什么你们之间发生了这么严重的冲突?"

(3)提问要以目标为导向。在提问之前,辅导员应该思考清楚自己要问的是什么,目的是什么,对本次谈话有何推进,避免询问不着边际,甚至把谈话引到无关紧要的话题上。

(四)复述

复述是指辅导员在和学生谈心谈话的过程中,将学生表达的观点、想法和感情用自己的话进行重新组织,再反馈给学生,能够达到加强理解、促进沟通的目的。

1.复述的功能和作用

(1)确认正确理解。由于表达方法和思维习惯的差异,辅导员可能对学生表达的内容存在理解上的偏差,这可以通过复述来和学生确认。如果得到肯定的答案,表示辅导员没有产生误解;反之,可以鼓励学生对复述的内容进行更正。

(2)澄清问题。情绪丰富的学生可能会扰乱自己的表达,如果学生出现表达内容模糊不清等情况,辅导员可以通过归纳、整理学生表达的内容,梳理出学生的具体问题并进行澄清,这样可以使双方对谈话具有更加清晰的认识。

(3)引导谈话方向。复述同样是一个引导谈话方向的重要技巧,辅导员可以通过抓取学生谈话中的关键词，将学生的发散思维定位在一个关键点上，这个关键点的选择可以由辅导员来把握，但要根据谈话的不同阶段达到不同的谈话目的。例如，解释被忽略的矛盾点，或者在学生的众多困惑中选择一个进行展开。

（4）引发思考。通过复述学生的某一观点和看法，可以让学生将注意力重新集中在自己之前习以为常的事物上，引导学生看到问题形成的关键，引发学生思考，从而促进学生进行自我反思，获得新的感悟。

2. 复述的方法和要点

（1）直接复述。在辅导员与学生谈话的过程中，如果遇到学生表述的内容前后矛盾，但学生自己却没有意识到，辅导员可以抓住学生表达中存在歧义的话进行直接复述，暂停学生的表达，引导学生关注，并进行解释。

> **例**
>
> 学生：老师，我最近觉得学习压力很大，晚上总是睡不好觉。
>
> 辅导员：你最近晚上睡不好觉？
>
> 学生：嗯，主要是因为快考试了，已经复习得差不多了，每次我一坐下来复习，就觉得什么也记不住，担心考不好，特别焦虑。
>
> 辅导员：我听到你说你觉得自己复习得差不多了，可是，每次一坐下来复习，就觉得什么也记不住？
>
> 学生：不是这样的，是我的室友都复习得差不多了，但是我学习的进展并不乐观，每次一坐下来开始复习，就开始焦虑，觉得知识都不往头脑里进。

（2）基于感官的复述。一些学生在描述自己的体验时，主要依赖视觉语句（如"看起来""那看起来像"），而一些学生主要依赖听觉词汇（如"我听到""听起来像"），还有一些学生依赖的是动觉语句（如"我感到""它感动了我"）。根据神经语言程式学项目的研究结果，当辅导员通过学生理解世界的偏好使用的感官系统（通常是视觉、听觉和动觉）来与学生进行谈话时，学生的共情、信任和再见到辅导员的愿望都会增加。辅导员可根据学生的表述进行基于感官的复述。

> **例**
> 学生1：我竞选学生会部长失败了，我真的很难受，一直以来我都觉得这个职位对于我来说非常重要。
> 辅导员1：部长这个职位对于你来说很重要，落选后你感到很难受。
> 学生2：向100多家企业投了简历都没有收到好的结果，以后的路像被雾挡住了一样，根本看不到未来。
> 辅导员2：目前你投出的简历还没有收到好的结果，让你看不到未来的路。

（3）比喻式复述[①]。辅导员可以使用比喻或类比捕捉学生表达中的核心信息。例如，许多学生来找辅导员是由于他们感到自己陷入困境，在个人成长或问题解决上没有任何进展。在这种情况下，辅导员可以这样做出反应："那么看来你好像只是车轮空转"或"处理这个问题真是一场艰难的战斗"。尽管这类重述可能最适合动觉取向的学生，但我们发现大多数学生对它的反应都很好，也许是因为它寥寥数语却概括了许多体验内容。

辅导员可以通过巧妙的比喻或类比来精准捕捉并反馈学生话语中的核心信息。通常学生都比较喜欢这种方式，因为它形象生动，且用简单的话语就能概括学生的感受。

> **例**
> 学生：老师，我最近感觉不到努力前进的动力。每天的学习和生活都让我感到无比的迷茫和疲惫，好像无论怎么努力，都只是在原地打转。
> 辅导员：你像那艘在风浪中挣扎的小船，眼前的迷雾让你失去了方向感，内心的疲惫又让你觉得力不从心。

（4）意图指导性复述。辅导员对学生表述的内容有意用高度选择的方式进行重复，具体来说，先关注学生表达中的积极部分，通过复述进行放大，从而表达共情、提供力量。

[①] 田宝伟，胡心怡，张平，等.辅导员深度辅导的谈心谈话技术[M].北京：高等教育出版社，2021.

> **例**
> 学生1：我想用笔划伤我的皮肤。
> 辅导员：你曾经想用笔划伤自己的皮肤。
> 学生2：我是个失败者，因为我高数成绩又不及格了。
> 辅导员：高数成绩又不及格让你有了这样的想法，即你是个失败者。

3.复述的注意事项

复述不是原封不动地保留一切内容，而是只复述学生讲述的关键内容，一般不包含辅导员的观点和评价。同时，复述的内容不一定完全准确，需要勤加练习。最开始复述的时候可能会像鹦鹉学舌，但熟练后就可以灵活复述，使复述更具创造性。

（五）赞美

赞美是表达对学生本人或学生某种行为的高度评价和欣赏。它通常通过言语、文字或行动来表现，目的是肯定、激励和认可学生的优点、成就或品质。赞美可以在师生关系的建立与维护、问题解决等多种情境中发挥积极作用。

1.赞美的作用

"如果学生真的有问题，那么我为什么还要赞美他呢？"这是很多新入职辅导员的困惑。这其实是将赞美的范围缩小了，赞美所应用的范围非常广泛。

（1）帮助学生强化自身资源和优势。"充分而优先的赞美，使当事人握有资源地面对问题"[①]。通过赞美，辅导员能够帮助学生认识到自身的优点和成功经验（如坚持不懈、创造力、善于沟通等），这些积极的特质是学生解决当前问题的关键资源，也是可以依靠的重要力量。强调这些优点，能让学生在身处困境时感受到希望和力量。

（2）增强自尊心和自信心。辅导员在学生眼里是高校环境中权威的体

---

① 许维素.建构解决之道：焦点解决短期治疗[M].宁波：宁波出版社，2013：106.

现，当学生感受到自己得到权威的赞美和认可时，他们的自尊心和自信心会显著提升。自尊和自信是克服困难的重要心理基础，当学生相信自己有能力去解决问题时，他们会更加积极地采取行动，而非被动地等待问题自行消失。从外部肯定内化为自身动力，这本身就是一个成长过程。

（3）降低对解决问题过程的恐惧。辅导员在开展以解决问题为导向的谈心谈话时，学生可能产生抵触情绪，这是因为学生要面对自身的无能为力。一方面，困难在学生眼中往往被放大，变得似乎难以逾越，这种感知会导致学生对问题产生强烈的恐惧感，觉得自己无力应对，强烈的负面情绪限制了学生的认知，而赞美作为一种积极的反馈机制，能够很好地转换学生的视角，突破学生对问题认知的局限。另一方面，恐惧感常常伴随着逃避行为，如果当下问题无法解决，学生可能会选择逃避，或者将注意力转移到其他爱好当中。这时，辅导员就可以通过赞美，鼓励学生勇敢面对问题。赞美所带来的积极情感体验，能让学生感到被支持和理解，同时更有力量，从而更有勇气去直面问题。

2.使用赞美的方法和要点

（1）从重构的视角发现学生的闪光点。获得奖学金的学生会得到赞美，徘徊在及格边缘的学生是否有赞美的意义呢？答案是肯定的。赞美是一种力量，可以为自我怀疑的学生赋能。但需要辅导员掌握一种必要的技巧，即重构。在心理学中，重构是一种认知策略，指通过改变对事物的看法、解释或理解方式，从而改变个体对问题或情境的感受、态度或反应。重构的核心思想是，辅导员在面对同一名学生时，因学生不同行为或表现而产生不同的情绪或反应。例如，学生在竞赛项目中，因为表现不佳而沮丧，辅导员要看到学生勇于尝试的行为；学生因为人际沟通技巧出现问题，辅导员要看到学生解决问题的积极态度。辅导员应看到这些隐藏在问题下的闪光点，给予学生赞美和肯定，鼓励学生以积极的态度解决问题，发现其优点，使其成长。

（2）赞美不同形式的进步。在学生取得巨大进展的时候需要赞美，在学生取得小小进步的时候同样需要赞美，在学生停止犯错、不被期待的行为没有继续发展时也不要吝啬赞美，因为这也是一种进步，只是不易被发现。如果仅仅在学生出现行为或者思想问题的时候加以处理，给予批评，而对改变不当行为反而没有足够的关注，其实是在忽视学生做出的努力，

变相削弱学生改变的动力。

3. 使用赞美的注意事项

（1）避免变相施压。部分辅导员会通过赞美肯定学生当前的进步，同时表达自己对学生未来有更大进步的期待。如果学生当前的进步已有力不从心的感受，那么与赞美相关联的期待就变成了压力。因此，辅导员在赞美学生时，一定要注意措辞。

（2）注意实事求是。对学生的赞美一定要以事实为基础，不能夸大其词，更不能无中生有，否则会让学生认为辅导员虚情假意，没有深入了解学生，更不关怀学生。

（六）面质

在谈心谈话进行到一定阶段后，辅导员可以使用面质技巧对学生实施干预，帮助学生解决问题，即指出学生在认知、行为和情感上出现的矛盾，促进学生进行思考和探索。

1. 面质的作用

帮助学生对自己的信念、行为或所处情景进行深入了解，觉察自己在遇到问题时的防御心理，有机会叩开心门发现真正的自己。部分陷入困扰的学生常常忽略了自己的行为是随着信念驱动的，仅仅觉得自己是被当下外部因素诱发，对于自己出现问题的机制并不清晰。面质可以帮助学生深入理解自己行为产生的原因和过程，促进学生改变由内外部的冲突产生的不协调的心理状态，更有利于从根源解决问题。

2. 面质的方法和要点

（1）确定矛盾或含糊信息。辅导员在谈话过程中，应仔细观察学生，认真倾听学生的言语信息和非言语信息，发现并确定影响学生的矛盾信息。

（2）将矛盾内容表述出来。辅导员在谈话过程中，应指出学生传递出的言语和非言语中的矛盾之处，一般采用陈述句，必要时也可以采用疑问句。

（3）评估面质效果。观察学生在辅导员面质后的反应，对效果进行评估。好的面质会加深其自我探索，坦诚的表达、认真的思考都对应较好的面质效果。紧张的状态、激烈的情绪起伏、否认的态度，可能预示着面质的效果还有提升的空间。

3.面质的注意事项

使用面质技巧时一定要谨慎，因为面质容易让学生感受到威胁，让学生认为辅导员和自己站在对立面，而非帮助自己解决问题，进而影响师生关系，影响学生成长。因此，辅导员要认真评估谈话情景和师生关系，采取恰当的方式进行面质，同时要注意以下问题。

（1）避免攻击。辅导员与学生开展的谈话，绝大多数是为了解决已经出现的问题，或者预见学生处理问题的能力不足，为应对即将到来的困难而进行的预防性谈话。无论哪一种，都暗示学生可能存在能力不足的问题。辅导员如果无法设身处地地考虑学生的感受，缺乏真诚和关怀，面质就变成了质问，预示着接下来可能会进行说教，导致学生无法招架，使学生陷入尴尬，从而产生抵触心理。

例如："你说你有细致、体贴、会感恩的特点，但面对辛苦工作供你读书的父母，你却没有努力去满足他们的期待，而是连续几个学期挂科，你如何解释呢?"

（2）避免发泄。辅导员具有教师和管理人员的双重身份，要在思想理论教育和价值引领方面发挥重要作用。因此，辅导员要以学生健康成长为重，促进学生成长成才，不可采用简单的批评、惩罚来促使学生服从管理安排，更不可用面质技巧掩饰个人情绪发泄，甚至作为攻击的理由。

（3）以事实为基础。使用面质技巧时，一定要在充分了解事实的基础上，当有矛盾且矛盾的探索和整合有利于学生的发展时，才使用面质技巧。

（4）从尝试性面质入手。参与谈话的学生，首先要面临着谈话对象是辅导员这一事实。辅导员在学生眼里既是管理者，也是权威的象征。如果前期没有建立好稳定的师生关系，但又不得不采用面质技巧推进问题解决时，那么可以采用尝试性的面质，用温和的态度为面质过程留有余地。如果学生不愿意面对，加以掩饰或者有其他回避行为，那么辅导员可以对谈话进程进行重新评估，调整谈话策略。

（七）总结

总结是指在对学生分享的信息、谈话的进展和谈话涉及的各种情况进行分析后，用简洁的语言概括和回顾。总结可以由辅导员来做，也可以由学生来做，都是为了梳理当下谈话的内容，找出可以学习的经验技巧，并推进谈话进展。

1.总结的作用

（1）承上启下。在谈心谈话过程中，一个主题讨论结束，准备开始另一个主题或一次谈心谈话结束时，都可以使用总结技巧保持谈话的联系性和一致性，帮助学生看到谈话中每个阶段的逻辑关系和整个谈话的进展。

（2）明确谈话结构和方向。辅导员可以和学生一起梳理、确认主题和重点内容，确保重要的信息不会被遗漏。同时，梳理谈话目标实现的程度，如果还有未解决的问题，可以将其作为下一个要讨论的内容，确定下一步谈话的方向。

（3）增强理解，加深记忆。谈话中，学生的探索、辅导员的建议、产生的新观点、讨论出的问题解决方案等内容，可能会在短时间内重叠出现。学生记忆负荷较大，需要及时总结、巩固，加以强化，便于学生在谈话之后进行回顾。

（4）澄清误解。总结可以将阶段化的内容用简洁的语言进行概括，方便理解，辅导员和学生都可以用总结来检查对方对自己之前分享的观点、信息是否存在误解，并且留有纠正的机会，通过反馈和再确认来逐步澄清。

2.总结的方法和要点

（1）辅导员做总结。谈话开始时，辅导员可以简要总结学生近况、遇到的问题或此次谈话的出发点，进而开启谈话。

> **例**
>
> 辅导员："我们上次讨论了你最近的学习状态，你提到了一些困难。我们也一起探讨了如何克服这些困难，提高你的学习效率，那么这段时间进展如何呢？"

谈话阶段性结束时，辅导员可以运用总结的方式，对此次谈心谈话进行总结，并与学生一同梳理、明确此次谈话的重点与收获。

> **例**
>
> 辅导员："我们刚才讨论了课程难度增加，特别是高等数学和大学物理让你感到有些吃力，作业量和考试频率的增加让你觉得时间不够用，是这样吗？""在这次谈话中，我们不仅讨论了你学业压力的来源，还探讨了一些可能的解决策略，包括尝试制订更详细的学习计划，分阶段攻克难点；学习一些时间管理技巧（如番茄工作法），来提高效率。对于计划实施和技巧的学习，你对此充满信心，因为有过去的经验作为指导。是这样吗？"

（2）请学生做总结。请学生对谈心谈话的内容做总结，这对学生来说是具有支持性的，这样可以使学生更好地梳理内容，增强记忆。

> **例**
>
> 辅导员："你认为今天所说的哪些内容对你来说最重要？""你会如何总结我们今天谈到的最重要的内容？"

3.总结的注意事项

辅导员在做总结时，要适当停顿，让学生有机会确定内容是否准确，是否需要澄清或者进一步补充。如果总结由学生来做，那么需要辅导员在适当的时候加以补充，同时需要适时给予积极的反馈。

> **例**
>
> 辅导员："这么短的时间里，你记住了很多重要的内容。""总结得非常全面且条理清晰。"这样会使学生对自己所说的内容感觉很好，同时，记忆更准确。

二、打破僵局的谈心谈话技巧

（一）避重就轻

1. 方法介绍

"避重就轻"是在谈心谈话过程中，遇到学生不愿意提及的话题或者严重的问题时所运用的方法。辅导员可以将学生遇到的问题先放一放，选择简单、轻松的话题和学生交流，拉近和学生的距离，让学生敞开心扉，主动表达其内心的感受。在沟通的过程中，辅导员引导学生逐渐面对不愿提及的问题，甚至主动寻求帮助，获得事半功倍的效果。

2. 实施步骤

（1）聚焦矛盾，确定谈心谈话重点。谈话前，全面了解学生的具体情况，包括家庭环境、兴趣爱好、活动参与、学生工作等方面。仔细了解学生所面临的问题或所处的困境，聚焦主要矛盾，确定谈心谈话目的，找到所要解决问题的关键点。

（2）推心置腹，建立师生之间的信任。结合所了解的学生情况，谈谈学生感兴趣的话题。在交流过程中，让学生逐渐放松下来，取得学生的信任。引导学生表达对学习和生活的看法和感受，打开交流的通道。

（3）循循善诱，达成解决方案共识。根据之前与学生谈话的内容，找到待解决问题的相关线索。引导学生发现问题，激发其解决问题的能力。在谈话过程中，提出帮助并给出合理化建议，达到解决问题的目的。

3. 具体案例

地点：谈心谈话室。

谈话对象：小C。

谈话主题：学业困难。

谈话背景：小C是一名大二的学生，性格开朗，积极乐观，在学校多个学生组织任职。小C在工作上认真负责，能力突出，组织了多项大型活动，得到了大家的认可。但是在学习方面，期末考试有两门功课不及格挂科，有些课学习跟不上。一旦提到学习的事情他就比较沉默，闭口不谈。因为学习成绩关乎学生能否正常毕业并且影响个人成长发展，辅导员决定找其谈话，进行引导。

谈话内容：

小C：老师好，您找我？

辅导员：是啊，小C，前几天刚看到你组织的校园摄影比赛活动，真是非常精彩。老师正好需要几张学校的风景照，想到你肯定有很多素材。

小C：没问题呀，老师，我们收集上来很多照片呢，我一会儿给您看看。

辅导员：小C真是干什么像什么，最近还忙什么了？

小C：嘿嘿，最近挺忙的，组织了好几个比赛，还作为队长申报了社会实践项目，这个项目获评了校重点项目。

辅导员：真的是丰富多彩，在学生工作方面，你一直都特别出色。

小C：我自己比较喜欢，做得就比较多，感觉很有成就感。老师，您这有什么我能做的也随时和我说哦。

辅导员：一定的。我还了解到你经常在各个晚会上做主持人，你的语言表达能力也很强啊。

小C：是的，老师，我真挺喜欢的，但是马上升入高年级了，可能这种机会也不是特别多了。

辅导员：以后课业更重了，是吗？

小C：是啊，大三专业课特别多，唉，不说这个了，总之我还会把活动做好的！

辅导员：小C，你要上大三了，考虑过以后想从事什么职业吗？

小C：我想过很多，最大的愿望是当一名教师。

辅导员：不错，教书育人，很有意义的工作。

小C：嗯，我觉得能将自己所学的知识传授给学生，并和他们一起成长，很有意义。但是，老师，我其实对实现这个理想不太有信心。

辅导员：看起来你有顾虑，能具体说说吗？

小C：嗯……反正就是觉得，需要有很长的一段路要走吧。

辅导员：我们想实现自己的目标和理想，一定要付出巨大的努力。奋斗的过程是一段不可多得的时光。

小C：主要是当教师至少需要有研究生学历吧，我感觉……

辅导员：是的，现在很多初、高中教师都必须有研究生学历了。我觉得这对你来说也不难吧？

小C：老师，我其实不太想提这个话题。

辅导员：没关系，你可以想到什么说什么，也许老师能为你帮上忙，做些什么。

小C：老师，您知道吗？我这学期挂科了，现在已经挂了两门了。

辅导员：这事儿确实挺让人郁闷的，但是我觉得你也意识到这个问题了，是吗？

小C：我其实一直都挺回避这件事儿的，也不愿意和别人提及。父母问我成绩怎么样，我就含糊过去了。我总觉得，不去面对，就像没发生一样。

辅导员：但是今天聊到理想和未来了，于是你有点儿担心了。

小C：之前也不是一点儿都不担心，只是在逃避吧。感觉自己其他方面都挺好的，就是对专业学习这块儿确实没什么兴趣。加上之前挂科，就更没有信心了，恶性循环了。

辅导员：老师特别能理解你的心情和感受。老师觉得你确实是有点儿逃避，但是你现在能意识到这个问题也为时不晚。咱们可以一起想想问题出在哪里，怎么做才能解决这个问题，把成绩提上去。

小C：确实是应该好好想想了。老师，我现在开始努力，还有机会吗？

辅导员：当然了，小C，现在努力一点儿都不晚。你的学习能力这么强，只要下功夫，肯定会有进步的。组织学校的活动确实占据了你的大部分时间，想想怎么把学习和工作平衡一下，制订一个学习提升计划。

小C：听您这么说，我有些信心了。我最近学习确实没上心，我回去好好做个计划,争取把挂的科都补过,把成绩提上来。

辅导员:对,可以制订一个短期目标和一个长期目标。每天做好学习计划,监督自己完成。如果有什么困难,欢迎你随时来找我帮助。

小C:老师,我之后真的还会来征求您的意见,看看我这样规划可不可行。今天您找我,我觉得收获很大。但希望您不要和别人说,我想自己先好好加油。

辅导员:放心吧,小C,老师为你保密!期待你的每一个进步!

小C:老师,我会加油的。对了,我现在帮您拷照片。

(二)剥茧抽丝

1. 方法介绍

"剥茧抽丝"是在谈心谈话中,由学生故意隐瞒、不配合导致谈话进行不下去时运用的方法。在谈心谈话过程中,辅导员通过循循善诱、逐层深入提问,从杂乱的信息中抓住重点和根本问题,精准捕捉信息、拉近师生心理距离,进而解决学生实际问题,提升育人实效。

2. 实施步骤

(1)信息收集,确立谈心谈话目标。收集事件发生时间、地点等关键要素,探索事件发生的原因,了解事件背后学生的具体情况和心理状态,确立谈心谈话目标。

(2)循序渐进,捕捉问题关键线索。循序渐进、逐层深入,对学生进行有规划的观察和提问,从看似与事件本身无关的细微方面逐步进行探索,捕捉问题关键线索,不断寻找答案,为解决问题做好铺垫。

(3)凝练总结,将核心价值入脑入心。让学生在谈心谈话过程中意识到问题所在,心甘情愿地接受调整和改变。凝练总结,举一反三,结合学生未来学习、工作和生活,确定发展目标和规划,将核心价值入脑入心。

3. 具体案例

地点：谈心谈话室。

谈话对象：小F。

谈话主题：网络言论。

谈话背景：辅导员近日接到学校党委宣传部电话，告知有一名同学在微博上发表关于"学校未安装空调，大家都不要报考"的言论，引发大量关注，希望学院调查情况，并对学生进行教育和引导。辅导员了解到，当事人小F来自南方，平日里学习比较用功，性格有些耿直，和同学们能和谐相处，擅长做推送，对新媒体比较感兴趣，在社团组织里负责相关工作。辅导员找到小F进行谈心谈话。

谈话内容：

辅导员：小F，老师听说你在新媒体宣传方面很在行，想跟你了解一些事情。

小F：老师，您想了解什么呢？

辅导员：就是想了解一下你们平时都喜欢用什么社交软件。除了微信，老师也不了解其他的，感觉都落伍了。

小F：老师，我们也是微信用得多，别的也就是偶尔用。

辅导员：你们探讨个人爱好、发表个人想法，一般都在什么平台呢？在老师上学的时候比较流行QQ空间、人人网，现在都不大有人用了。

小F：哈哈，我们偶尔也会用。现在的抖音、快手、哔哩哔哩都挺有意思的。

辅导员：你们现在也用微博吧？

小F：嗯，老师，您也有微博吗？

辅导员：是呀，我其实也挺想关注你们的信息。在微博上，我还偶尔能看到和我们学校相关的消息呢。

小F：老师还关注我们啊？

辅导员：对啊，老师也希望更了解你们。最近我发现有一些关于学校的负面评论，不知道你听说了吗？

小F：我没有听说，老师。

辅导员：好像是关于学校没有安装空调的事情，感觉有挺多消极言论，对学校影响不太好。

小F：可是学校确实太热了。每天都睡不着。

辅导员：现在夏天的温度确实太高。看来你对于这件事也有点意见。

小F：主要是很多学校都有空调了，就我们没有，学校也不为我们考虑啊。

辅导员：感觉你好像很清楚，学校肯定没有安空调的想法吗？

小F：大家都那么说嘛。而且寝室也没有淋浴间，洗澡还要跑那么远。

辅导员：看来你们对学校的很多方面都不满意啊。其实这些问题的解决方案学校都在考虑和筹划的过程中，只是可能消息还没有传到你们那里。

小F：您是说学校要安装空调吗？

辅导员：是啊，不仅要安装空调，还要在每个宿舍楼下都设置淋浴间，方便同学们洗澡呢。

小F：老师，这真是一个好消息。

辅导员：一些同学不了解情况，就在网上发表一些无中生有的不实言论，是不是有点不妥？

小F：嗯，好像确实是。

辅导员：你有参与过这种网上的讨论吗？

小F：老师，不瞒你说，其实我也参与了。我之前不了解情况，加上临近期末考试压力大，就随便在微博上发了几条。

辅导员：老师猜到了。没关系，至少你现在认识到问题了。这些言论是关于学校的设施问题的，可能为学校带来一定的影响，成为招生宣传的不利因素。你有没有想过，如果遇到其他更有原则性甚至政治性的问题时，你能否对自己随意发表的言论负责呢？

小F：确实之前对于这些方面的考虑欠妥了。老师，其实我挺爱我们学校的。有的时候感觉这么发微博，挺有面子的。

> 辅导员：其实你还是不太成熟。
>
> 小F：老师，其实我发的那条微博下面还有很多评论呢，我回去就把它们删了。
>
> 辅导员：你有了新的领悟，这是进步啊。
>
> 小F：以后我也要在这方面多加注意。谢谢您，老师。

（三）情境代入

1. 方法介绍

"情境代入"是在谈心谈话遇到瓶颈，或者学生对于某件事情、某个人的行为不能理解，沉浸在自己的情绪中，想不通、出不来，无法进一步沟通时运用的方法。

"情境代入"为假设一个日常的生活场景或代入一个其他身份，让学生想象身临其境，并觉察自己的感受。在情境代入过程中，引导学生从不同角度看问题，尊重和理解他人，达到教育目的。

2. 实施步骤

（1）望闻问切，找到学生问题关键点。全面了解学生具体情况和所处状态，通过观察、提问等方式，聚焦问题关键点，引导学生表达内心真实感受，找准矛盾点，为解决问题做好铺垫。

（2）打破局面，引导学生进入新情境。引导学生暂时脱离现实身份和情绪，想象自己置身于新环境、成为新个体。在新的情境中寻找新的情绪体验，感受新的逻辑链条，做出新选择，通过代入的方式进行体验和思考。

（3）回归当下，学生自主觉察新认知。引导学生从代入的情境中抽离，回到当下的现实环境。和学生一起将情境代入时的感受进行分析和探讨，形成对现实状态的新认知，进一步解决问题，更好地实现自我发展与成长。

3. 具体案例

> 地点：谈心谈话室。
>
> 谈话对象：小D。

谈话主题：生涯发展。

谈话背景：小D近期经常有各种各样的理由不去上课，班导师向辅导员反映小D学习跟不上，课上经常做与学习无关的事情。辅导员找到小D了解情况，发现小D目前在研究创业，想要做一名电竞解说员。小D知道学习已经有些跟不上，因此有休学的打算，但遭到其父母的强烈反对。因此小D感到郁闷，无心向学，状态较差。

谈话内容：

辅导员：小D，最近在忙些什么？老师看到你最近经常请假。

小D：没什么，最近有点感冒，有时候起不来床。

辅导员：那得多注意休息。最近学习情况怎么样？我记得你入学的时候说过要拿奖学金呢！

小D：就那样吧，奖学金是不想了。

辅导员：在学习上遇到了什么困难吗？可以跟我谈谈吗？我们一起想想办法。

小D：老师，我这学期初接触了电竞解说这个行业，我觉得很有意思，也很愿意去研究。可能因为打游戏耽误了学习时间，现在学习有点跟不上。但是我觉得学习不是唯一的出路啊，我对专业学习也没兴趣，还不如做自己喜欢的事情，也能挣钱。

辅导员：每个人都有自己的兴趣爱好，但是你现在做的事情已经和专业学习发生冲突了，是吗？

小D：是的，老师。因为想做好电竞解说员，需要通过线上、线下的方式学习很多与游戏相关的知识，会占用学习的时间。而且我非常喜欢电竞，它会让我感受到激情，比上课有意思多了。

辅导员：我挺理解你的感受的，但是你想过这样下去的后果吗？

小D：后果就是学习跟不上呗。

辅导员：你接受这个后果吗？

小D：我是想休学来着。但是我爸妈坚决不同意，说是要以学习为重。他们根本不理解我，我也不愿意和他们沟通。

辅导员：其实，老师也觉得，现阶段应该以学业为重。等你毕业了，学有所成了，可能再做一些工作就会更得心应手。读书这么多年考到这里，不能荒废时光啊。

小D：老师，你怎么也这么想？我爸妈也说什么都不让我搞事业，非得让我上课学习。可是我现在已经跟不上了，他们还这样对我。

辅导员：小D，你别激动。你平静下来好好想一想，暂且将眼前的纠结放下，假设你现在已经专门从事了电竞解说，离开了校园，你的生活会是什么样的呢？

小D：我还真没这样想过。我觉得应该是非常逍遥自在吧，每天玩玩游戏，看看视频，然后做做解说。

辅导员：那时的你每天都在做这些事情，你的经济来源是什么呢？

小D：我也会挣一些钱啊。解说做好了也能挣点钱的。

辅导员：收入可能不太稳定。

小D：在没有做到很好的时候，可能收入确实成问题。但是如果做得很好了，那么收入也会增加的。如果实在有困难，可能会求助于父母。

辅导员：哦，如果这样的生活几年之后还是没有改善呢？

小D：我可能会去找一份工作。

辅导员：可是你好像没有学历吧？找工作是不是也存在困难呢？

小D：嗯。好像也是。

辅导员：嗯，我们再想象一下。你现在的身份和父母的身份对调，如果你是妈妈，当你的孩子面临你现在的情况时，你会怎么办呢？

小D：我是妈妈？老师，你让我想想。我好像没想过这个问题。（沉默）

辅导员：嗯，换位思考一下。如果你是妈妈，面对目前自己孩子的学习和生活状态，你会做出什么样的选择呢？

小D：我可能会有点生气吧。学了这么多年，还是希望孩子能够坚持下来把书读好。估计我也不会让他专门做与游戏相关的事情。

辅导员：你也会为孩子的未来着想。

小D：是这样的，培养孩子辛苦了很多年，当然希望孩子能好好读完大学，争取考上研究生。我家还没有过研究生呢。估计我看我的孩子学习这么不上心，会批评他。

> 辅导员：如果你的孩子说你不理解他呢？
>
> 小D：老师，我好像明白了。通过换位思考，我的想法好像有了一些变化。我觉得我之前的想法太注重眼前的感受了，没有考虑未来的发展，也没有考虑父母的感受，还是太不成熟了。我可能要回去好好想想之后应该怎么做。
>
> 辅导员：老师很高兴看到你能有这样的思考。
>
> 小D：但是我现在课业落下的实在有些多，我不知道还能不能跟得上了。
>
> 辅导员：办法总比困难多，我们一起制订一个学习方案，你学习能力这么强，一定可以的！
>
> 小D：老师，谢谢您。

（四）以柔克刚

1. 方法介绍

"以柔克刚"是在谈心谈话过程中，遇到学生情绪激动、态度强硬、思想偏激时使用的方法。通过迂回战术，四两拨千斤，有针对性地对学生进行思想教育，强化价值引领。用恰当的方式找到问题的突破口，解决实际问题，将谈心谈话谈到心坎里，谈到点子上。

2. 实施步骤

（1）充分调查，了解学生具体情况。通过调查学生成长环境、学习经历、兴趣爱好等方面充分了解学生性格特点及形成原因。了解学生面临的问题，明确谈心谈话的目标和任务，初步形成谈心谈话具体方案。

（2）春风化雨，以柔克刚传递力量。当遇到态度强硬、不听劝阻的学生时，以平和而坚定的语气来提供引导和建议，用积极的态度和恰当的语言来和学生交流，这样有利于学生更好地理解和接受。把握学生心理状态，从以情感人到以理服人，让学生感受到支持与鼓励。

（3）见缝插针，巩固谈心谈话育人实效。安抚好学生情绪，在建立信任关系后，巩固成果，对学生进行有针对性的思想教育。引导学生自省自知，让其意识到自身存在的缺点与不足，从而真心愿意接受和改变现状。通过给予学生更多的尊重、鼓励和宽容，挖掘学生内在潜力，使学生得到更好的成长。

3.具体案例

地点：谈心谈话室。

谈话对象：小E。

谈话主题：人际关系。

谈话背景：小E高考失利来到这所大学，入学之初就显得和其他同学格格不入。小E在寝室里基本不和室友交流，也从不参加寝室聚餐。上课时她自己坐在一旁，只和授课老师有课堂上的互动。班级的集体活动她也极少参加，班干部问她为什么，她只回答说无聊。近日的班会上，班委给所有同学分配了活动任务，而她不想完成，于是和一些同学起了严重的冲突，在教室里吵了起来。班级干部找到辅导员，寻求解决问题的办法。辅导员了解情况后，找到小E。

谈话内容：

小E：老师，你找我有什么事吗？

辅导员：小E，过来坐，老师想和你聊聊。

小E：老师，是有人跟你告状了吧？

辅导员：老师确实了解到了一些情况，但不是告状。听说你们班有同学在教室里因为意见不合发生了争吵，有这回事吧？

小E：我不觉得这件事我做错了什么，我也没什么好说的。

辅导员：能和老师具体谈谈发生了什么吗？

小E：我不想说。你要说什么就直接说呗。

辅导员：是因为班级活动任务的分配，大家没有达成共识吗？

小E：你这不是知道吗，为什么还问我？

辅导员：老师的确了解一些，但是更想听听你对整件事情的描述，这也能让我更了解你内心的真实想法。

小E：一群没用的人，做着一些没用的事，简直是浪费时间！

辅导员：你觉得班级里面做的事情很没意义，是吗？

小E：对啊，每个人都有自己需要做的事情，为什么要参加集体的活动啊？我告诉了他们，这个活动策划得很差，很没意义，这有什么问题吗？

辅导员：当你面对自己不喜欢的事情，你的情绪就有些激动了，老师能理解你的心情。

小E：你能理解吗？我本来就是高考考砸了才来到这所学校。我真是不想和他们一样。

辅导员：你说的是不想和你的同学一样吗？

小E：我认为自己比他们强，我要在学习上碾压他们。

辅导员：你在学习上很用心，成绩也确实挺好的，这点值得肯定。

小E：老师，你是在表扬我吗？

辅导员：是啊，老师一直以来都认为你是一个学习认真、有理想、有抱负的孩子。老师也知道，你肯定有你的想法，只是没机会去表达自己而已。

小E：唉。

辅导员：别叹气呀，老师愿意做你的朋友，倾听你内心的故事。

小E：老师，其实我一直都希望各个方面都做到最好，也希望自己能在大学毕业后有一个好出路，所以我很看重自己的学习。但是我发现身边的同学和我的想法不完全一样，他们有时觉得我用功学习反而很奇怪。所以后来我也就不愿意和他们接触了。

辅导员：用功学习是好事儿啊，说明你对未来有目标、有规划，这是对自己负责任的表现。可是你想一想，大学生活都包含了什么呢？除了学习，还有其他的内容吗？

小E：嗯，我倒是确实看到了很多丰富多彩的活动，也有很多学生社团。但是我感觉我不合群，也就放弃了。一开始也不甘心，后来就索性逃避了，其实也不是不想去，是怕选不上。

辅导员：是啊，就像你看到的，其实大学是个培养个人综合能力的地方，学习是非常重要的一方面，但不是全部。我理解你对于自己成绩的重视和迫切渴望进步的心情，刚刚读大一的你，能做到现在的程度，已经很棒了。

小E：老师，其实我也希望和同学搞好关系，但是我觉得他们不喜

欢我。

辅导员：其实我们每个人都拥有敏感的内心，大家都对自己的人际关系很重视。我们想的别人不喜欢，可能只是自己多虑了。关键的问题在于我们应该怎么做，才能成为更好的自己。

小E：我之前觉得逃避能解决很多问题，现在发现就算能解决也是暂时的。我确实应该做出一点改变。

辅导员：是啊，现在的你其实在进行很重要的思考，比如如何行动才能真正获得自我成长。

小E：老师，其实在刚才的班会上，我的言辞确实激烈了一些，包括刚来办公室和您谈话的时候，我其实都在通过这样的方式保护自己。

辅导员：老师当然明白，也相信现在的你其实知道自己应该怎么做了。从寝室开始，从小事做起，去拥抱身边的人，打开心扉，共同学习，老师相信你一定可以收获朋友，也收获更美好的大学生活。

（五）由远及近

1. 方法介绍

"由远及近"是在谈心谈话进入僵持阶段，学生执着于自己的想法与观念，不愿理解和接受辅导员的建议，难以解决问题时运用的方法。

"由远及近"中的"远"为想象中未来的某个场景，"近"为现实中所遇到的问题。结合现实所遇到的僵局，假设未来场景，想象在未来的新环境中，自己是否会做出新选择，再结合现实问题，做出改变。

2. 实施步骤

（1）信息收集，找到学生核心问题。全面、准确地了解学生的各类信息，在谈话前对学生进行"人物画像"。通过提问的方式了解事情的来龙去脉，凝练出学生所面对的核心问题。

（2）打破僵局，想象未来，重新选择场景。让学生将目前所面临的问题和未来走入社会可能遇到的问题相结合，想象将来自己在职场或家庭中应该如何解决类似的问题。在角色转换的过程中，体会新感受，反思目前面对问题的处理态度和办法是否合适。

(3) 由远及近，引导学生做出新选择。辅导员进一步引导学生想象在未来的生活中遇到类似的问题可以采取哪些行动，取得何种效果，并协助学生思考答案。厘清思路后，回到现实僵局中，将未来场景中解决问题的方式方法代入当下的情境中，产生新思考，做出新选择，从而顺理成章地解决问题。

3.具体案例

地点：谈心谈话室。

谈话对象：小A。

谈话主题：人际关系。

谈话背景：小A在一天晚上与寝室同学发生了激烈的争吵，起因是小A和小D在寝室谈论一个问题时，双方产生了不同的观点，各自都认为自己的理解是正确的，互不相让。小A认为自己平日里就和小D不合拍，觉得小D在寝室里有很多生活习惯自己都不适应，导致自己不能在寝室生活下去，想要更换寝室。

谈话内容：

辅导员：小A，听说你昨晚在寝室大哭了一场，发生什么了，能和我说说吗？

小A：老师，我在这个寝室待不下去了，我想换寝室。

辅导员：到底怎么了，是和寝室同学吵架了吗？

小A：算是吧。现在我在寝室待不下去了，希望老师能帮我换一个寝室。

辅导员：我能感觉到你很生气，能具体说说你们之间发生了什么吗？

小A：昨天晚上，我和小D由于观点不同吵起来了，我觉得我们价值观不一样，我说什么她都有反对意见。

辅导员：嗯，有没有尝试好好沟通呢？

小A：我跟她根本没办法好好沟通。这种情况也不是第一次了，我现在回到寝室心情就非常不好，已经影响我的生活状态了，我现在就想换寝室。

辅导员：我能理解你的感受。你们除了在某些观点上有些不一致以外，没有什么其他的矛盾吧？

小A：其实也有，比如她有时候早晨起床闹铃铃声会响很久才关，她有时候还会在宿舍打电话，我都觉得很影响别人。

辅导员：我对你们的情况基本了解了。你们寝室其他人之间的关系怎么样呢？

小A：也都一般吧。大家都各过各的。

辅导员：其实我觉得你们的问题是可以解决的，可以将困扰彼此的问题说出来，好好沟通一下，误会就解开了。

小A：老师，我来找你其实就是想换寝室。你说的方式我都知道，但是我现在不想和她浪费时间了。我还有自己的事情要做。希望老师正视我的诉求，帮我解决问题。

辅导员：我理解你急切想解决问题的心情。也许你认为目前面临的仅仅是换寝室这样一个简单的问题。但是你有没有想过，这个问题的解决方式会对你未来的生活和处理问题的方式产生一定的影响呢？

小A：老师，我不太懂你的意思。

辅导员：我们来想象一下。假如现在你已经毕业五年了，成为了一名职场人。你所在的部门有一个与你相处不太融洽的同事，你们的工作有很多交集，很多任务需要你们共同配合才能完成。这时候你会怎么办呢？

小A：我没想过这样的问题。

辅导员：我们可以想象一下，因为这是我们每个人在职场中都可能会遇到的问题。你们学有所成后，最终都是要走向职场的。

小A：我尽可能少和她接触。

辅导员：但是工作中你们必须每天都要交流啊。你想想，如果你用现在对待寝室问题的态度和方法去对待工作，最后能解决问题吗？

小A：可能不行，我想我在工作中会更加大度，不去计较太多，尽可能让自己的工作能够顺利开展。

辅导员：你觉得怎么样才能保证工作顺利开展呢？

小A：首先还是和她好好沟通一下吧，把彼此心里所想都表达出来，把误会解除。然后统一彼此的目标，为了更好地工作共同努力。

辅导员：你说得很有道理。看来你是很有解决问题的能力的。

小A：老师，我好像懂了。现在我处理寝室矛盾的方式有点幼稚，只想解决表面的问题，没有看到本质。我想我回去要跟小D好好沟通一下，不能这么任性。

辅导员：很高兴你能这么想，你可以先回去尝试着沟通和解决，如果遇到困难，可以随时联系我。

（六）置身事外

1. 方法介绍

"置身事外"指在谈心谈话过程中，引导学生不局限于眼前的困难或困境，学会跳出问题看问题，找到问题的本质，调整心态，更好地实现自我成长。

2. 实施步骤

（1）察言观色，体察学生内心感受。全面了解学生的成长环境、性格特点、人际交往等基本情况，理解学生所处困境，分析其原因和可能的解决办法。通过谈心谈话体察学生内心感受，形成共情，并建立信任。

（2）跳出固有认知，置身事外看问题。通过举例子、摆事实、讲道理等方式，引导学生脱离当下纠结的状态，不局限于问题本身来寻求解决问题的方法。学会用立体思维、第三视角看问题，跳出固有认知，找到解决问题的关键。

（3）复盘当下问题，积极迈向未来。置身事外看问题后，充分理解解决问题的方式方法，对当下面临的问题进行复盘和分析，找到今后遇到问题后的解决方法，形成正确的思维习惯和处理问题的方式，积极向未来迈进。

3. 具体案例

地点：谈心谈话室。

谈话对象：小D。

谈话主题：家庭经济困难学生心理调适。

谈话背景：小D是一名经学校资助部门认定的家庭经济困难学生。他的家乡在偏远山区，从小父母外出打工，属于留守儿童。进入大学以来，辅导员发现他愿意独来独往，不愿意和同学交流，上课坐在教室最后排，很少和教师互动。在最近一次社团组织的学生干部竞选中，小D遗憾落选。综合以上情况，辅导员找其进行谈心谈话。

谈话内容：

辅导员：小D，你好，早就想和你聊一聊了，这会儿没课了吧？

小D：刚上完专业课。

辅导员：最近专业课程挺多吧？感觉跟得上吗？

小D：还好吧，还在慢慢适应。

辅导员：上次和你谈话是在开学初了解学生的家庭情况，确定家庭经济困难学生名单的时候。经过这段时间的生活，觉得经济方面有没有什么困难呢？

小D：还好，老师，我申请了生源地助学贷款。

辅导员：那还能减轻一点经济压力。小D，老师发现你最近有点闷闷不乐，是发生了什么不愉快的事情吗？可以跟老师说一说。

小D：没什么，老师，都挺好的。

辅导员：老师也希望你一切都好，但是刚刚来到大学，遇到困难和问题也是正常的事情。

小D：唉，老师，其实我最近确实心情不大好，刚刚参加了社团的竞选还没选上，感觉自己好像干什么都不行似的。

辅导员：你心情不太好，有没有想过是什么原因？

小D：老师，你也知道，我家里条件不好。来到大学，我发现有好多很厉害的人。他们不仅学习好、能力强，家里也挺有钱。我觉得自己就是一个小透明，很自卑。

辅导员：嗯，我理解你的感受，看到其他同学，你有点心理落差。

小D：嗯，而且我觉得他们的知识基础和学习能力也都比我强很多。英语课上，他们的发音很好听，去台上做展示也非常自信，我觉得我什么都不行。

辅导员：你现在是陷入了自我怀疑和自责的情绪当中，所以平时你看起来无精打采。可是你想想，你到大学来是为了什么呢？

小D：是来学习的。但是我们寝室只有我自己是家庭经济困难学生，我真的觉得很自卑。我甚至都不想学习了，感觉做什么都成功不了。

辅导员：小D，你仔细想想，你目前所遇到的这些困难其实都是暂时的。因为你置身其中，纠结于眼前的困难，于是觉得什么都不顺心，什么都没希望。其实，我们可以换个角度看问题。

小D：换个角度？老师，我不太明白。

辅导员：你可以尝试从当下焦虑的情绪中暂时走出来，跳出问题看问题，去找找问题的本质是什么。

小D：老师，您的意思是从更大的角度去看吗？

辅导员：对呀，站在更大更广的角度去看现在的你，其实这只是你成长过程中的一个小插曲。大学是让人进步和成长的地方，我们在这里学习和生活就是为了增长技能和本领，以后做个对社会有用的人。你现在只是纠结于自己没有别人强，却忘了不断学习和努力才是你真正应该做的。

小D：老师，您的意思是，我应该专注于自己应该做的事情，对吗？

辅导员：是啊，你现在想一想小时候发生的事情，可能当时的你特别生气和难过，现在呢，是不是觉得已经释然了？这就是从第三视角去看待自己。很多人在遇到问题的时候，都希望立刻有一个解决的方式，迅速找到答案。你应该多点耐心，站在更广的角度去看问题，可能令你纠结的都不是问题了。

小D：老师，我好像有点懂了。

辅导员：具体点说，现在你的经济条件和学习基础都不是你能改变的，并且是暂时的。你觉得的失败和失落其实都是自己宝贵的经历。你应该将眼光放得长远些，树立目标和理想，目前的这点困难根本就算不了什么，你只要一步一个脚印去努力就够了！

小D：通过努力，我就会和大家的差距越来越小了。

辅导员：是啊，现在的困难放在宇宙中只是沧海一粟，当你置身事外，会发现你还有很多事情要做、很多东西要学。当你工作后，你会发现助学贷款也不难还；当你毕业后，你会发现根本没人注意你发言时的窘迫；当你人到中年，会发现大学留给你的都是美好的青春回忆。

小D：老师，我刚才按照您说的思路想了一下，好像现在确实轻松了不少。我不应该纠结于眼前这些没有实际意义的小事，应该知道自己想要的是什么。

辅导员：你说得特别好。在未来的成长路上，你都会遇到各种各样的问题。要树立正确的认知，不断学习、不断进步，关键时刻跳出问题看问题，困难就迎刃而解了。

第五章 针对常见问题开展谈心谈话方法参考

一、如何与有思想问题的学生谈心谈话

（一）思想类问题概述

当代大学生的时代特征鲜明，思维敏捷，价值取向多元，现代性增强而传统性弱化，行为和思维更加独立，个性特点更加突出。部分大学生中反映出了政治意识淡化、政治热情不高、意识形态概念模糊，甚至受西方新自由主义思潮影响较重的特点。尤其是在文化多样性与社会信息化的大背景下，如何解决大学生的思想问题成为新的挑战。

在信息时代、网络时代、新媒体自媒体时代的大环境下，思想问题叠加心理问题、学业问题、情感问题等，有时会在网络平台进行传播发酵，呈现出更多复杂情况，对辅导员谈心谈话的思路和方法提出新的要求。

"万物得其本者生，百事得其道者成"，只有通过谈心谈话走近学生、了解学生，抽丝剥茧、层层递进，才能深入了解学生现实问题的根源是否来自思想问题，进而在解决思想问题的基础上，逐一分析、合理解决学生的现实问题，把握学生成长发展规律，遵循思想政治教育原则，在谈心谈话中引导学生、帮助学生、教育学生。

（二）针对思想类问题开展谈心谈话的重点、难点

一是明确问题、抓住本质。学生思想问题的表象纷繁复杂、因人而异，辅导员如何在学生各种各样的日常表现中准确地把握住学生思想问题的根源、本质、类别，成为这一类学生谈心谈话工作中的基础和难点。

二是改变认知、矫正行为。思想问题，很大程度上来源于认知的偏差，这往往是一个长期积累的过程，原因也多种多样（包括学生的家庭环境、成长背景、自身因素等），因此，解决思想问题不是一蹴而就的，需要一个长期的过程。同时，在解决学生认知偏差时矫正学生的行为，也是

一个需要长期攻坚的工作，这也对辅导员通过谈心谈话解决有这类问题的学生提出了很大的挑战。

（三）针对思想类问题开展谈心谈话的步骤参考

一是耐心倾听、明确定性。辅导员和思想出现问题的学生进行谈心谈话的前提是通过综合使用尊重、倾听、共情等沟通技能，与被谈话者建立良好的信任关系。在建立信任关系的基础上，鼓励学生表达自己的真实想法，从学生的讲述中获取信息。辅导员在此过程中，要注意提炼敏感词和关键点，为发现学生问题提供素材支撑。在此基础之上，还需要做好两方面工作：其一是信息的梳理、整合，辅导员通过对学生提供的信息梳理、思考和加工，进一步明确学生出现问题的思想根源和心理动因；其二是信息的求证确认，通过巧妙设计询问、具体量化，观察学生回答时的现场表现，获取学生的真实想法，从而对学生的思想问题进行具体定性。

二是针对问题、正确归因。辅导员基本确定学生的思想问题之后，要引导学生意识到问题所在，从外在现象挖掘到内在动因，灵活采用多种科学方法，如运用因果分析法、分析方法和综合方法、比较分析法（如纵向比较、横向比较、经验教训比较、正反比较、各种异同的比较等），帮助学生对出现的问题进行正确归因。

如学生受到现代西方思潮的影响，或对国内国际局势的认识不准确时，辅导员就可以通过横向比较的方式，通过翔实的数据和真实的事例让学生认识到其思想上出现的问题。

如沉迷网络直播的学生荒废学业却沾沾自喜，还经常炫耀，传播错误的价值观，辅导员可以使用因果分析法进行情景化的设问，假设可能性的后果，对比当前的收益和损失，让学生明确其眼光短浅、图小利而失长远等问题，引导学生主动进行反思。

三是形成共识、落实于行。在解决问题阶段，辅导员可以先采用和学生商讨的方式，全面分析利弊后，与学生达成共识，形成明晰的建议和可行的解决方案。通过有效的指导，激发学生自身的主观能动性，让学生主动作决定并落实于行动。辅导员可以进一步设计后续的谈心谈话方案，督促学生阶段性问题的完成和改进，从而系统地解决学生的实际问题和思想问题，进一步规划中长期的指导支持方式，实现由近及远、由浅入深、由个别到群体、由普遍性到特殊性、由单一情境到综合情境的思想政治教育。

（四）针对思想类问题开展谈心谈话的成效检验标准

一是知，即知识层面的改变。一般来讲，掌握的知识越正确，行动的倾向性越强。知识是行动的基础，是力量的源泉。对于有思想类问题的学生来说，知识层面的改变既是一种外显行为，也是包括思维活动的内隐行为。通过谈心谈话，改变学生已有的、落后的，甚至错误的观念，是谈心谈话成效的首要标准。

二是信，即信念层面的改变。通过谈心谈话让学生树立积极的态度，对知识进行有根据的独立思考，逐步形成信念，由知识变成信念就能支配人的行动。社会心理学家研究认为，信念的转变在知、信、行中是关键。信念是人们对生活中应遵循的原则和理想的信仰。它深刻而稳定，通常和感情、意志融合在一起，支配人的行动，是解决学生思想类问题的关键一环。

三是行，即行为层面的改变。通过谈心谈话改变学生行为的目标，使有思想类问题的学生实现知、信、行三者的统一，最终实现行为的改变，这是辅导员谈心谈话的最终检验标准。

二、如何与有学业问题的学生谈心谈话

（一）学业类问题概述

对于大学生而言，学习虽然不再是相对单一的目标，但仍然是第一目标和首要任务，所以学业类问题仍然是大学生普遍存在并需要重点解决的问题。

随着社会的发展，大学生的学习表现出独特的时代特征。从学习主体出发，在学习中对自我管理的要求较高，强调自我学习、自主学习；从学习内容出发，学习的探索性、实践性、系统性较强，兼具宽度、广度、深度；从学习方式出发，多样化的学习方式已经成为常态，线上、线下学习途径丰富（课堂教学、MOOC远程学习等）；从学习方向出发，在通识教育的基础之上，专业化、精细化、深入化、交叉化的学习进一步增多，学习既能满足细分化的社会分工要求，又能为各类交叉学科、新兴学科提供复

合型专业人才；从学习动机出发，从单一的考试成绩向多样化的人才培养目标看齐，学习的成就动机较强等。这些特征的出现，对辅导员通过谈心谈话解决学生的学业问题提出了更高的要求和更新的挑战。

只有精准识别学生出现学业问题的原因，才能更好地帮助学生探索出解决问题的方法。在此过程中，引入专业课教师学业指导、优秀朋辈学业帮扶等外力，是需要关注的重点，这要求辅导员在解决复杂问题的基础上，也要进一步提升综合研判、系统解决问题的能力。

（二）针对学业类问题开展谈心谈话的重点、难点

一是深挖根源、把握重点。对大学生学业问题的成因"精准把脉"，是解决大学生学业问题的重点。大学生常见的学业问题成因主要包括：学习目标偏差、学习动力丧失、学习兴趣不足、学习方法不当、考试心理状态不佳、受突发的生活事件影响等。准确地把握学生学业问题的成因特别是复合成因，是解决此类问题的重点。

二是聚焦问题、精准施策。在高等教育普及化的大背景下，更多人有机会接受高等教育，但是聚焦大学生的生活、学习、就业等，会发现许多新问题。所以，聚焦大学生出现的学习认知、学习情感、学习意志和学习行为的问题和偏差，进而帮助大学生形成积极的思想与态度、浓厚的学习兴趣、良好情绪体验和自我效能感，让大学生在获取科学文化知识、掌握实践技能、提高综合素养等过程中，感受到人生的价值和意义，这才是解决大学生学业问题的更高阶目标，也是辅导员工作的难点之所在。

（三）针对学业类问题开展谈心谈话的步骤参考

一是多维考量、认真剖析。对于出现学业问题的学生，辅导员要从专业、客观、科学的视角，在和学生谈心谈话过程中，帮学生从多个维度去剖析原因，是学习目标设定得不准确不恰当，还是上大学后没有学习动力？是对所学专业不感兴趣，还是没有适应大学学习中更加多元综合的考查方式？是因为过度紧张而出现考试焦虑的情绪而影响发挥，还是近期个人生活中有重大的突发事件影响考试成绩？等等。不同于大学之前出现的学业问题，学生在大学期间出现的学业问题需要辅导员更加深入地帮助。

学生因对所学专业不感兴趣而出现学业问题，辅导员可以通过深入了解学生的方式来获取信息，帮助学生多方获取咨询，鼓励学生通过积极争

取转专业、二学位学习、跨专业考研、考取感兴趣专业的专业资格证书等方式来真正了解其喜爱和擅长的专业，及时帮助学生选择更加适合自己的发展道路。

学生因近期发生家庭变故、情感问题、人际矛盾等，出现情绪低落、无心学习的情况，辅导员需要通过谈心谈话明确学生真实的问题所在，通过关心关爱、用科学方法精准帮扶，切实解决学生的情绪问题，将情绪问题作为学业问题的联动问题，用联系的观点全盘考虑学生复杂问题的解决方案。

二是科学量化、分解目标。面对出现学业问题的学生，辅导员要以专业、客观的态度激发学生的主观能动性，一般从两个层面去解决。第一个是学习动力层面，第二个是学习方法层面。学习动力层面，辅导员要通过谈心谈话让学生设定目标，从而产生内生动力，目标要分为多个层级（如长期目标、中期目标、近期目标，宏观目标、中观目标、微观目标）。学习方法层面，辅导员要帮助学生科学地量化学习目标、拆解学习目标、匹配有效的学习时间、调适已经形成的学习习惯、设置阶段性的学习成果检验标准等，帮助有学业困难的学生去厘清学业问题的解决方案。

三是形成合力、精准帮扶。在学业问题解决方案实施阶段，辅导员要为学生提供菜单式的服务（如专业课教师的学业帮扶、高年级朋辈的学业帮扶、其他专业学生的定点帮扶、本班同学的互助帮扶等），以多元的精准帮扶让学生找到适合自己的求助方式，定点突破学生学业问题的痛点、难点和堵点，从而让学生逐步具备实现完成学业目标的行动力。

（四）针对学业类问题开展谈心谈话的成效检验标准

一是学习动力的激发。解决学业类问题归根结底要解决的是学习动力问题，只有激发了学生学习的原动力，才能让学生拥有持续面对学业挑战的信心和决心。对于有学业类问题的学生而言，只有以学习目标为牵引形成的学习动力，才能为学生持续努力提供能量，进而促使学生全面发展。

二是学习方法的总结。大学阶段的学习方式更加灵活，学习成果的考查方式更加多元，对学生的学习能力要求也更加全面。学生需要在基本学习方法的基础上，应对新学习阶段的要求和特点，形成大学的学习方法，这是大学教育重要的组成部分之一。学生要掌握自主学习、探究学习、合作学习等学习方法，为下一阶段的学习和未来走上工作岗位打下坚实的基础。

三是学习习惯的养成。在大学阶段，大部分学生出现学业困难的原因是目标缺失、难以自律，加上独立解决困难的能力较差，形成问题叠加。其实，大学最终要让学生形成的是良好的学习习惯，而不仅仅是学习知识。因此，养成独立思考、归纳总结、思考创新、借鉴吸纳、管理时间等良好的学习习惯，才是受益终生的财富。

三、如何与有心理问题的学生谈心谈话

（一）心理类问题概述

在高等教育环境中，大学生面临着来自学业、就业、情绪情感、家庭关系、人际关系等多方面的压力，这些压力有时会导致他们产生心理问题。心理问题涵盖范围广泛，从轻度的焦虑、抑郁到更为严重的心理障碍，都可能对学生的日常生活和学业造成严重影响。辅导员不仅要关注学生的学习成绩，还要关注他们的心理健康。

存在心理问题的学生常常表现出情绪波动大、自我认知不准确、人际交往困难、社会功能受损等特点。他们可能对学习失去兴趣，对未来感到迷茫，甚至产生自我否定的情绪。因此，辅导员需要通过谈心谈话的方式，与学生建立牢固的信任关系，深入了解他们的内心世界，为他们提供及时、有效的心理支持。

（二）针对心理类问题开展谈心谈话的重点、难点

一是建立信任与共鸣。在心理类问题的谈心谈话中，建立信任关系是首要的任务。学生可能出于对心理问题的敏感或担忧，而对谈话产生抵触情绪。因此，辅导员需要通过耐心倾听、真诚关怀、积极关注等方式，逐步打破学生的心理防线，让他们愿意分享自己的困惑和痛苦。同时，辅导员要学会共情，站在学生的角度去理解他们的感受，从而建立起共鸣。

二是识别与评估问题。心理问题的识别与评估是谈心谈话中的一大难点。由于心理问题的多样性和复杂性，辅导员需要具备丰富的心理学知识和实践经验。同时，通过与学生的深入交流，才能准确地识别学生的问题，了解他们问题的根源、表现以及影响，并评估其严重程度。此外，辅

导员还需要注意保护学生的隐私，避免在未经允许的情况下泄露学生的信息。

三是应对学生的情绪反应。在谈心谈话中，学生可能会出现各种情绪反应（如焦虑、抑郁、愤怒等）。辅导员需要学会应对这些情绪反应，保持冷静和理智，避免被学生的情绪所影响。同时，辅导员需要通过倾听、安抚等方式，帮助学生缓解情绪压力，恢复平静。

四是建立长期支持机制。心理问题的解决往往需要长期的关注和支持。因此，辅导员需要与学生建立长期的联系和沟通机制，以便及时了解学生的进展和困难，并提供必要的帮助和支持。此外，辅导员还需要与其他相关部门合作，共同构建完善的心理支持体系，为学生提供全方位的心理支持。

（三）针对心理类问题开展谈心谈话的步骤参考

一是引入话题与建立信任。在谈话开始时，辅导员应选择一个轻松且适当的话题引入，避免直接提及学生可能敏感或抵触的内容。通过分享一些普遍的经历或故事，可以逐渐拉近与学生的距离，建立起初步的信任关系。同时，辅导员需要展现出真诚、温暖的态度，让学生感受到辅导员的理解和接纳。

二是倾听与观察。在这一阶段，辅导员应耐心倾听学生的陈述，不打断、不评判，让学生充分表达自己的情感和想法。同时，辅导员需要仔细观察学生的非语言表现（如面部表情、肢体语言等），以便更准确地把握学生的情绪状态和内心需求。通过倾听和观察，辅导员可以初步了解学生的心理问题和困扰。

三是澄清与理解。在听完学生的陈述后，辅导员需要用自己的话复述学生的问题和困扰，以确保自己准确理解了对方的感受和需求。同时，辅导员可以提出一些问题来澄清学生的想法和感受，进一步了解学生的心理状态。这一过程有助于建立更深层次的信任和共鸣。

四是共情与支持。在了解学生的问题和困扰后，辅导员需要表达出对学生的理解和支持。可以通过肯定、鼓励的方式增强学生的自信心和自尊心，让他们感受到自己并不孤单，有人愿意理解和支持他们。同时，辅导员可以分享一些经验或资源，为学生提供一些具体的帮助和建议。

五是探讨解决方案。在这一阶段，辅导员需要与学生一起探讨解决方

案。同时,辅导员可以提供一些专业的心理学知识或建议,为学生提供更多的支持和帮助。在这一过程中,辅导员需要保持开放和尊重的态度,鼓励学生发表自己的看法和想法。

六是制订行动计划。在探讨了多种解决方案后,辅导员需要与学生一起制订具体的行动计划。行动计划应该包括具体的目标、步骤和时间表等,以便学生能够按照计划逐步实施。同时,辅导员需要提醒学生,注意在实施计划过程中可能遇到的困难和挑战,并鼓励他们积极应对。

七是跟进与帮扶。在谈话结束后,辅导员需要持续跟进学生的执行情况,并提供必要的支持和帮助。可以通过定期约谈、电话联系等方式了解学生的进展和困难,并及时给予反馈和建议。同时,辅导员可以为学生提供一些额外的资源和支持(如心理健康知识普及、心理咨询和治疗的预约途径等),以便学生能够更好地应对心理问题。

(四)针对心理类问题开展谈心谈话的成效检验标准

一是情绪稳定与改善。观察学生的情绪是否得到稳定和改善是首要的检验标准。如果学生在谈话后表现出的焦虑、抑郁等负面情绪减少,或者情绪波动的频率和强度有所降低,那么可以认为谈话取得了一定的成效。

二是自我认知的增强。谈话的成效体现在学生自我认知的增强。如果学生在谈话后,能够更清晰地认识自己的问题、需求和挑战,并展现出更加积极的自我态度和信念,那么这标志着谈话对学生产生了积极的影响。

三是行动计划的执行与进展。与学生一起制订的行动计划是否得到执行,以及其行动的进展也是检验谈话成效的重要标准。如果学生能够按照计划逐步实施,并取得一定的进展,那么说明谈话的指导和建议得到了有效的应用。

四是社交与人际关系的改善。心理问题的改善往往会带来社交和人际关系的积极变化。如果学生在谈话后能够更好地与他人相处、建立健康的人际关系,并且能够在社交场合中更加自信地表达自己的想法,那么这可以视为谈话成效的一个方面。

五是学业与生活的积极变化。学业和生活的积极变化也是检验谈话成效的重要参考。如果学生在谈话后能够更加积极地面对学习和生活,取得更好的学业成绩,展现出更加积极的生活态度和行为,那么可以认为谈话对学生的整体状况产生了积极的影响。

六是后续支持的需求与反馈。观察学生对后续支持的需求和反馈也是检验谈话成效的一种方式。如果学生在谈话后能够主动寻求帮助和支持，或者对提供的资源和建议给予积极的反馈，那么这可以视为谈话对学生产生了积极的影响，并需要继续提供必要的支持。

需要注意的是，以上标准并不是孤立的，而是相互关联、相互影响的。在检验谈话成效时，需要综合考虑多个方面的表现，并根据学生的具体情况进行个性化的评估。同时，需要保持耐心和持续的关注，以确保学生能够得到长期、有效的心理支持。

四、如何与有情感问题的学生谈心谈话

（一）情感类问题概述

当代大学生是未来社会主义事业的建设者，肩负着历史责任和使命。除了文化知识，他们还应具备良好的道德修养、高尚的品格和完整的人格。大学生处于自我认知重构和自我意识整合的阶段，可能会对自己的身份、性格、能力等方面产生疑惑和困扰。此外，随着知识经济的到来，竞争的日益激烈给当代大学生带来了许多心理压力，一些大学生存在着情感自私、情感意识较差、责任心不强、以自我为中心，以及对人对事态度冷漠、缺少热情、心理不健康等状况。相关调查研究结果显示：出现心理问题或障碍的大学生，60%以上表现为情绪情感上的问题与矛盾[1]。由此可见，情感问题在当代大学生群体中已经成为比较普遍和突出的问题，这些情感类问题可能会影响大学生的学习、生活和发展，需要及时关注和处理。当代大学生的情感问题表现往往不是单一的，而是较为复杂和零散的。面对大学生的这些问题，高校辅导员应在坚持运用理论知识、校园文化、社会实践活动等内容和形式对大学生群体进行教育的同时，注重运用谈心谈话这一形式帮助大学生解决情感问题，帮助他们厘清情感困扰，提升情绪情感管理能力，促进人格全面、健康发展。

---

[1] 刘建虹.大学生音乐素养与情绪情感的关联性初探：以乐山的3所高校为例[C]//第三届全国音乐心理学学术研讨会论文集.2008-11-28.

（二）针对情感类问题开展谈心谈话的重点、难点

一是情感问题的主观性。情感问题是非常主观的，每名学生的感受和体验都是独特的，辅导员需要理解并尊重学生的感受，而不是简单地给出标准答案。在谈话中，有些学生可能不愿意或不擅长表达自己的情感问题，可能会出现沟通障碍，辅导员需要通过倾听和引导，帮助学生打开心扉。

二是情感问题的复杂性。情感问题往往涉及个人的成长经历、家庭背景、人际关系等多方面因素，针对不同的情感问题，辅导员需要制订有效的解决方案，帮助学生应对情感困扰，这需要综合考虑学生的个性特点和实际情况。辅导员需要综合考虑这些因素，进行全面的分析和辅导。

三是情感问题的深层次性。有些情感问题可能是深层次的心理问题，需要高校辅导员具备较强的沟通技巧、共情能力和心理分析能力，以便更好地帮助有情感类问题的学生解决困扰，促进其健康成长。如需专业心理辅导员或心理医生介入，辅导员应及时引导、帮助学生寻求专业心理援助。

（三）针对情感类问题开展谈心谈话的步骤参考

一是建立信任关系。辅导员需要与学生建立起信任和亲近的关系。通过友善地倾听和理解，让学生感受到辅导员的支持和关心，从而愿意敞开心扉。通过共情和理解，让学生感到被接纳和尊重。保持开放的态度，不带有主观偏见地对待学生，尊重学生的个人观点和选择，不强加自己的看法或价值观。同时，保证学生的个人信息和谈话内容得到保密，只在必要的情况下与其他人分享（涉及学生有自伤或伤人倾向时），让学生知道他们可以信任辅导员，不会因为分享个人问题而受到伤害或批评。在谈话过程中，辅导员可以通过适当的"自我暴露"与学生建立"统一阵线"，即通过分享自己的情感经历，让学生感到自己并不孤单，有人理解和支持自己。通过这些方法，辅导员可以建立一个安全、支持性的环境，让学生感到信任，并且愿意分享内心的想法和情感。

二是倾听学生倾诉。辅导员应该全神贯注地倾听学生的倾诉，不要分心或打断学生，通过眼神接触和积极的肢体语言表明自己在意学生的话语。在倾听学生的倾诉时，辅导员通过展现同理心来让学生感受到自己的

理解和支持。使用肯定的语言（如"我理解你的感受"或"我能理解你为什么会感到这样"）以及通过提出开放式问题来促进对话，帮助学生更深入地探索自己的感受和想法。尽量减少封闭式问题，让学生更自由地表达自己。在学生倾诉完毕后，辅导员可以总结学生的主要观点和感受，以确保自己正确理解学生的意图，同时，可以澄清一些表达不清楚的地方，以避免误解。在整个过程中，辅导员要鼓励学生体会自我感受，帮助他们更好地理解自己的情感和行为。通过提出问题，促使学生思考和探索自己的内心，通过运用倾听技巧，可以有效地倾听学生的困扰，理解他们的情感问题，这样可以建立一个支持性的环境，让学生感到被理解和支持。

三是探索问题根源。辅导员可以通过提出开放式问题，引导学生深入探索问题的根源。例如，通过"你觉得这种情感问题是怎么开始的？"或者"你认为有什么因素导致了这种情感问题的出现？"等，与学生一起探讨造成情感问题的触发因素，了解在何种情况下，学生会感到情绪波动或困扰，这有助于找出问题的根源并提供相应的支持和建议。引导学生自我反思，帮助他们探索自己的想法、信念和价值观。通过让学生自我反思，使学生清楚地认识到自己的情感问题是如何形成的。通过与学生一起探索问题的根源，辅导员可以帮助学生更深入地理解自己的情感问题，并找到解决问题的途径。这种探索过程有助于学生建立客观统一的自我意识和可控的情绪情感调节能力，从而更好地处理所遇到的情感问题。

四是制订目标计划。在谈话过程中，辅导员应与学生一起设定目标，确保目标是具体的、可衡量的和可实现的。目标应该与学生的情感问题相关，有助于解决问题和提升情感健康问题的应对能力。在确定目标后，辅导员可以与学生一起制订行动计划，明确具体的步骤和时间表，行动计划应该包括具体的行动和可行性的实施方式。辅导员在制订目标和计划的过程中，应该提供支持和指导，帮助学生克服困难和挑战，与学生一起讨论解决方案，提供建议和支持。在谈话结束时，辅导员还要与学生一起设定跟进计划，明确下一步的行动和时间表。例如，约定下次见面的时间或电话沟通的频率，以便跟进了解学生的情况。根据制定的计划，辅导员定期与学生交流计划实施情况，了解他们的进展。通过跟进，辅导员可以及时发现问题和提供支持，确保学生在解决情感问题的过程中不会感到孤立或无助。在跟进的过程中，辅导员可以评估学生的进展和情感健康状况，根据评估结果，辅导员可以调整支持和建议，帮助学生更好地应对情感问

题。如果发现学生需要额外的支持或资源,可以提供相应的帮助或转介,并给予学生鼓励和肯定,强调他们的努力和进步,这有助于增强学生的自信心和行动力,促进他们持续改善情感问题。通过定期跟进和评估,辅导员可以更全面地了解学生的情况,及时提供支持和帮助,促进学生的成长和发展,这种持续的支持和关怀有助于学生更好地应对情感问题,建立积极的心理能量场。

(四)针对情感类问题开展谈心谈话的成效检验标准

一是学生情感状态的变化。通过对话询问或采用心理测评工具等,评估学生在谈话后情感状态的变化(如焦虑、抑郁等)和生活状态等方面的变化,评估学生是否能够准确描述自己的情感状态和问题,用适当的方式表达自己的情感,以及在遇到问题时,学生是否能够使用有效的情感调节方法,在面对情感问题时是否更加冷静和理性,能否积极应对情感困扰,逐渐克服情感问题。

二是学生行为表现的改善。观察学生在谈话后的行为表现是否更加积极。例如,表现出更好的学习状态,能够更专注于学习,更有效地完成学业,更积极地参与校园活动,能够更好地与他人建立联系和交流,更妥善地处理人际关系等。在面对消极状态时,学生是否能够更好地控制自己的情绪,避免自闭、消沉、逃避等消极行为的出现。

三是学生自我评价的变化。学生在与辅导员谈话后,是否对自己的情感问题有更清晰的认知和理解。例如,学生能够更接受自己的情感状态和问题,宽容和理解自己,掌握有效的情感调节方法,从容地处理自己的情感困扰和情绪波动,并意识到自己在情感问题上的成长和进步,看到自己的改变和发展,肯定自己的价值和能力等。

五、如何与有生涯规划问题的学生谈心谈话

(一)生涯规划类问题概述

在当今社会转型和教育理念革新的背景下,大学阶段是大学生进行生涯规划的重要时期,是个人成长与社会化进程相匹配的关键阶段。大学生如何有效规划职业生涯,不仅关乎个人未来发展,也直接影响社会的稳定

与经济的发展。

当前,大学生群体面临的不仅是学业的压力,更有来自未来职业选择的不确定性和激烈的社会竞争的压力。这一群体正处于自我认知的深化期与社会身份的初步建构阶段,急需科学的职业生涯规划以指导其未来发展,这也是辅导员工作的重要组成部分。

特别是在高等教育普及化的今天,大学生群体普遍存在着对未来职业道路的迷茫与不确定性,究其根本,是缺乏对自我、社会及未来职业发展的深刻认知与系统规划。这一现象要求辅导员需具备引导学生开展有效职业生涯规划的能力,通过谈心谈话解决有生涯规划问题的学生的困惑成为重中之重。

(二)针对生涯规划类问题开展谈心谈话的重点、难点

一是自我认知不足。有生涯规划类问题的学生,面临的主要问题是自我认知不足,一般表现为未能充分了解个人兴趣和能力、自我评估失准等。自我认知模糊会导致大学生在职业兴趣、个人优势与劣势的自我评估方面存在困难,导致其职业定位不准确。因此,辅导员在和学生谈心谈话时,要首先破解上述重点、难点问题。

二是对社会动态缺乏敏感度。大学生对行业动态、市场需求等社会信息掌握得不全面、不准确,难以将个人规划与社会发展趋势对接。辅导员需要通过各方面的资源,收集、整理行业动态和市场需求等信息,分类化、精准化地提供给学生,在谈心谈话过程中调整学生的认知偏差,帮助学生进行个人与行业、与社会发展趋势的逐步对接。

三是职业目标设定不准确。大学生在进行生涯规划时,要么过于宏大,不切实际;要么太过保守,缺乏挑战性。面对理想与现实间的鸿沟,不少学生缺乏有效的调整策略,易陷入焦虑与迷茫。辅导员在谈心谈话时,要基于学生的自我认知和行业社会认知,启发学生进行自主的匹配和协调。

四是执行力和适应变化的能力薄弱。大学生规划与行动之间存在脱节,缺乏将规划转化为具体行动的策略和毅力,这就需要辅导员在和学生谈心谈话时,聚焦具体的方法。此外,学生适应变化能力弱,面对职业环境的快速变化,大学生的规划调整能力有限,易陷入焦虑与迷茫,由此产生的心理问题也是需要关注的重点和难点。

（三）生涯规划类问题谈心谈话的步骤参考

一是深度探索、强化洞察。对于生涯规划出现问题的学生，辅导员要用更加专业的方式帮助其进行深度自我探索。借助传统的霍兰德职业兴趣测试、SWOT分析，以及受学生欢迎的MBTI人格测试等，辅导员在谈心谈话过程中，帮助学生着重梳理个人经历、情感状态与价值观等，引导学生深入认知自我。此外，通过案例分析、行业专家讲座、模拟演练等方式，强化学生的社会洞察能力，提升学生对社会经济环境、政策导向的认知，帮助其精准定位。

如果学生一直是在教师和家长的看管、指导、约束下成长起来的（如缺乏自我认知的能力和方法，难以明确自己喜欢什么、擅长什么、想在什么方面进一步发展自己），那么辅导员在和学生谈心谈话时，就可以使用霍兰德职业兴趣测试、MBTI人格测试等，让学生在轻松、愉快的气氛当中，开启自我认知之旅。

二是目标设定、策略制定。在谈心谈话过程中，结合SMART（具体、可衡量、可达成、相关性、时限性）原则，引导学生设立短期至长期的职业目标，明确学习、收入与声誉等方面的期望，并制定灵活、可操作的实施策略，鼓励分阶段实施。同时，分析目标的现实可行性，增强计划的适应性和弹性。

三是切实行动、调整适应。鼓励学生参与实践项目、团队合作，增强执行力与解决问题的能力，让学生学会识别目标与现状之间的差距，教会学生应对策略（如资源调配、时间管理、情绪调节等），培养其逆境适应能力。

（四）生涯规划类问题谈心谈话的成效检验标准

一是自我认知的提升。通过谈心谈话和谈心谈话后学生掌握方法进行自我探索的实践，观察学生是否展现出更深刻、全面的自我认识，能否准确描述自己的职业兴趣、优势与短板。

二是生涯目标的明确。学生是否能清晰表述职业目标，并能够将之分解为具体可执行的阶段性目标。

三是行动能力的增强。在谈心谈话之后，观察学生是否采取实际行动（如积极参与实习、加入专业社团、主动学习新技能等）。此外，辅导员还需要观察学生是否愿意持续进行自我反思与规划调整，对个人成长保持积极态度。

通过系统性、针对性的谈心谈话，辅导员不仅能够帮助学生构建起科学的职业生涯规划体系，更重要的是激发学生内在动力，培养其自主规划与持续学习的习惯，为未来的职业生涯打下坚实基础。

六、如何与有就业指导问题的学生谈心谈话

（一）就业指导类问题概述

在当前社会背景下，大学生就业面临的挑战已成为社会各界广泛关注的焦点。辅导员在与有就业指导类问题的学生谈心谈话时，必须要深入剖析大学生就业中存在的问题及其根源，并提出对群体和个人具有针对性的解决策略，以促进大学生就业的健康与可持续发展。

（二）针对就业指导类问题开展谈心谈话的重点、难点

一是盲目跟风与职业规划缺失。大学生在就业选择上，常显现出盲目跟风的现象，忽视个人职业规划的科学性和合理性。这种现象的背后，反映出的是大学生对自我认知的不足以及对未来职业路径探索的匮乏。盲目追求热门企业和岗位，不仅导致资源分配不均，还可能牺牲个人的长期发展和职业满意度。在谈心谈话中，辅导员需要帮助大学生详细分析个人情况，找到就业问题的根源。

二是功利主义与价值取向失衡。在就业选择上，部分大学生过度追求物质回报，倾向于选择高薪和发达地区的职位，而忽略了个人与社会的长远发展需求。这种功利主义倾向，不仅限制了人才在更广阔领域的流动作，也阻碍了大学生在国家建设（特别是在中西部和基层地区建设）中的价值实现。

三是诚信缺失与就业道德风险。有些大学生在大学毕业准备就业时，才发现没有为自己积累就业的优势条件，情急之下，在求职材料上弄虚作假，暴露了部分大学生诚信意识的薄弱。这不仅损害了个人信誉，也破坏了就业市场的公平性。辅导员如果在谈心谈话过程中，发现此类情况，一定要重点剖析这种行为的背后折射出的是一种急功近利的社会风气和对成

功捷径的追求，而非基于真实能力的公平竞争。这部分就业难的学生，是辅导员在谈心谈话过程中要重点关注的特殊群体。

（三）针对就业指导类问题开展谈心谈话的步骤参考

一是注入理念、强化教育。就业的问题不能放在大四阶段来解决，要着眼整个大学成长期，帮助学生提前做好职业生涯规划和就业指导，特别是通过谈心谈话及时发现学生就业观、择业观的问题，早发现、早纠正、早指导，将职业生涯规划作为就业指导的前端。辅导员要结合其他育人力量，构建全过程的就业指导体系，引导学生树立正确的世界观、人生观和价值观，鼓励其在国家和社会需要的广阔天地中，寻找发展机遇。

二是坚定理想、深化实践。辅导员在谈心谈话中，要加强对学生的理想信念教育，激励大学生为国家和社会作出贡献是提升就业质量的重要一环。辅导员可以通过优秀校友的事例，激发学生到国家需要的行业建功立业。此外，辅导员要鼓励学生积极参与社会实践，使学生在实践中了解社会需求，增强社会责任感，将个人理想与国家发展相结合，从而做出更加理性的就业决策。

三是自我提升、拓展就业。辅导员通过谈心谈话，要发现学生在应对就业问题时所欠缺的能力，帮助学生进行规划实践，鼓励学生努力提升专业技能、实践经验、创新能力和心理健康等方面的综合素质，以适应多变的就业市场需求。同时，辅导员应该积极加入学校、学院的访企拓岗工作中。通过了解企业的人才需求，更好地为学生就业指导提供遵循。此外，与初创企业、新兴企业联动，也将促进大学生的多元化就业。

四是创新创业、灵活就业。辅导员在和学生谈心谈话的过程中，也要鼓励和支持大学生创新创业，利用政策扶持和市场激励，为有志青年搭建起实现梦想的舞台。同时，帮助学生树立"先就业，后择业"的理念，鼓励大学生通过实际工作积累经验，逐步明确职业定位，实现个人价值与社会价值的双赢。

（四）针对就业指导类问题开展谈心谈话的成效检验标准

一是实现教育引导。通过谈心谈话和谈心谈话后学生树立的就业观、择业观，帮助学生从思想认识上科学看待就业，在不同的社会职业岗位中，根据自己的专业特长、兴趣爱好等方面的特点，找到符合自己的择业预期和就业目标。

二是实现实践磨砺。鼓励学生积极参加各类社会实践活动，利用课余时间多接触社会，积累丰富的实践经验，加深对社会的认识，竞聘岗位时，才能做到沉着冷静，从容面对。

三是实现价值重塑。通过系统性、针对性的谈心谈话，让学生有意识地调整自己的职业规划，分析自己的实力、价值和需求，为自己的发展设定长远的目标，让每一名大学生都能在社会的大舞台上找到属于自己的位置，为个人发展和社会进步贡献力量。

七、如何与有家庭经济问题的学生谈心谈话

（一）家庭经济问题概述

随着当今社会的飞速发展，家庭经济问题逐渐成为影响学生成长的关键因素之一。随着经济结构的调整和社会竞争的加剧，有的家庭面临着经济困境，这些困境不仅影响着家庭的生活品质，更对家庭中的学生产生了深远的影响。家庭存在经济问题的学生，常常背负着巨大的生活压力、心理压力和学业压力，这些压力如同沉重的枷锁，束缚着他们追求梦想的步伐。

辅导员要认识到家庭经济问题对学生的影响是全方位的。在生活上，他们可能面临着物质匮乏的困境，无法享受到同龄人应有的生活条件。在心理上，他们可能承受着自卑、焦虑、抑郁等负面情绪的困扰，这些情绪问题不仅影响他们的身心健康，还可能影响他们的人际交往和学习能力。在学业上，他们可能因为家庭经济困难而缺乏必要的学习资源，导致学业成绩不佳，进而影响升学和就业前景。

因此，作为教育工作者，辅导员有责任和义务关注存在家庭经济问题的学生，通过谈心谈话了解他们的真实需求，提供有针对性的帮助和支持。这不仅有助于缓解他们的经济压力和心理压力，还能促进他们健康成长、全面发展。

（二）针对家庭经济问题开展谈心谈话的重点、难点

一是建立信任关系、深入了解学生家庭经济状况。有家庭经济问题的

学生往往比较敏感和自卑，他们在与人交往时，容易产生抵触情绪。因此，在谈心谈话过程中，辅导员需要通过耐心倾听、真诚关心等方式，逐渐建立起信任关系。只有建立了信任关系后，辅导员才能深入了解学生真实的家庭经济状况。辅导员需要通过耐心细致的询问和观察，了解学生的家庭经济来源、收入状况、支出情况等信息。这些信息是制订帮助计划的基础，也是辅导员后续谈心谈话的重要依据。

二是准确把握学生心理状态、平衡学生心理与现实的矛盾。有家庭经济问题的学生往往存在着自卑、焦虑、抑郁等心理问题。在谈心谈话过程中，辅导员需要密切关注学生的情绪变化，及时给予他们心理关怀和帮助。同时，有家庭经济问题的学生在心理上往往希望得到更多的支持和帮助，但现实条件又往往无法满足他们的需求。在谈心谈话过程中，辅导员需要平衡好学生心理需求与现实条件之间的矛盾。辅导员需要让学生明白自己的实际情况和能力范围，鼓励他们根据实际情况制订合理的生活和学习计划。

三是引导学生正确面对问题、提供有针对性的帮助。在了解学生的家庭经济状况和心理需求后，辅导员需要积极引导学生正确面对问题，帮助他们认识到困难是暂时的，通过努力和坚持可以改变现状。辅导员需要根据学生的需求和实际情况，为他们提供有针对性的帮助（如助学金申请、勤工俭学岗位介绍、心理咨询服务等）。

（三）针对家庭经济问题开展谈心谈话的步骤参考

一是初步接触与建立信任。在初步接触有家庭经济问题的学生时，辅导员需要展现出充分的尊重和理解。辅导员需要耐心倾听学生的心声，让他们感受到辅导员的关心和支持。同时，辅导员还需要真诚地询问学生的困难和需求，给予积极的回应和支持。通过这些方式，辅导员可以逐渐建立起与学生的信任关系，为后续谈心谈话奠定坚实的基础。

二是深入了解家庭经济状况与心理需求。在建立起信任关系后，辅导员需要进一步了解学生的家庭经济状况和心理需求。辅导员可以通过详细询问学生的家庭成员、经济来源、收入状况等信息来了解他们的家庭经济状况。同时，辅导员需要在询问过程中，注意观察学生的情绪变化，感受他们的心理需求，为后续帮助提供依据。

三是分析原因并提供帮助。在了解学生的家庭经济状况和心理需求后，辅导员需要进一步分析问题的根源和影响因素（如家庭成员的健康状况、就业状况等）。根据这些分析结果，辅导员可以为学生提供有针对性的帮助和建议。这些帮助措施旨在缓解学生的经济压力和心理压力，让他们知道自己不是孤立无援的。

四是引导学生形成积极的生活态度。在提供帮助的同时，辅导员需要引导学生形成积极的生活态度。辅导员可以通过正面激励的方式，鼓励学生在面对困难时，保持积极的心态，让他们明白困难是暂时的，要有顽强坚韧的精神，不要被苦难击倒。同时，辅导员可以提供心理咨询服务，帮助学生缓解焦虑和抑郁情绪，让他们能够更好地应对生活中的各种挑战和困难。

五是持续关注与跟进。辅导员需要持续关注有家庭经济问题的学生的近况和需要。辅导员可以通过定期回访的方式来获取这些信息，基于此来对帮助方案进行调整，确保帮助措施的实时性和有效性。同时，辅导员可以建立长效机制，为有家庭经济问题的学生提供长期支持，从而确保他们在求学过程中，生活和学习条件可以得到充分的保障和支持。

（四）针对家庭经济问题开展谈心谈话的成效检验标准

一是生活状况改善。通过谈心谈话和提供帮助，有家庭经济问题的学生的生活状况是否得到了改善，是衡量谈心谈话成效的重要标准。辅导员可以观察学生的衣食住行等日常生活是否有所改观。例如，他们是否能够保证基本的生活需求，是否有足够的营养摄入等。

二是心理状态稳定。心理状态的稳定和改善是检验谈心谈话成效的关键指标。辅导员可以通过观察学生的情绪状态、与人交往的态度、面对困难时的应对方式等，来评估他们的心理状态是否有所好转。例如，学生是否更加自信、乐观，能否积极面对生活中的挑战和困难。

三是学业成绩提升。有家庭经济问题的学生往往受到各种压力而影响学习成绩。因此，学习成绩的提升是检验谈心谈话成效的一个重要方面。辅导员可以关注学生的学习态度、学习方法、学习成绩等方面的变化，来评估谈心谈话是否对他们的学业产生了积极的影响。

四是社会适应能力增强。有家庭经济问题的学生往往在社会适应能力方面存在一定的欠缺。通过谈心谈话，辅导员希望能够帮助他们增强社会适应能力，更好地融入社会。因此，辅导员可以观察学生在人际交往、团队协作、问题解决等方面的表现，来评估他们的社会适应能力是否有所提升。

八、如何与有人际关系问题的学生谈心谈话

（一）人际关系类问题概述

处于青年期的大学生，身心发育逐渐成熟，自我意识也得到了迅速发展，他们思想活跃、精力充沛、重视情感，更加渴望与他人建立良好的人际关系。大学生的人际关系表现为在学习、生活、工作中与教师、同学、朋友之间建立起的心理关系，这是大学生社会交往的基础，对大学生的身心健康、日常学习生活、未来发展有着极其重要的作用。

然而，大学生在建立良好人际关系时，往往会出现困扰，主要原因可以归结为以下几个方面。第一，大学生正值从家庭到社会的过渡阶段，这种转变使他们需要独立处理各种人际关系，由于缺乏经验，可能会遇到许多挑战和困惑。第二，大学生来自不同的家庭背景和成长环境，具有不同的性格特点、价值观、生活习惯。在集体生活中，这些差异可能会产生许多冲突和误解，加之大学生对自身的社交能力有着过高的期望，然而现实与期望存在差距，这将会给他们带来困扰。第三，许多大学生在成长过程中，缺乏人际交往的技巧，导致他们在与人交往时缺乏自信、缺乏沟通、不善于情绪表达和管理，这些不足会导致他们在处理人际关系的问题时，感到困难或焦虑。第四，在面对人际关系问题时，许多大学生可能会感到孤独无助，因为他们缺乏专业的心理支持和指导，倘若这些问题无法得到及时、有效的解决，可能会导致更为严重的心理问题（如焦虑、抑郁等）。第五，在信息化时代，社交媒体已被大学生广泛使用，过度依赖社交媒体将导致大学生在现实生活中缺乏人际交往能力，同时，在社交媒体上的比较和竞争也会加剧他们的焦虑和不安。

因此，辅导员必须高度关注大学生的人际关系问题，通过科学的方法和策略，帮助他们建立健康、和谐的人际关系（如引导学生学会有效沟通、培养他们的同理心和包容心、提供必要的心理辅导和咨询等）。通过这些措施，可以使大学生更好地处理人际关系，促进他们的全面发展。同时，为社会培养出更多具备优秀人际交往能力的杰出人才。

（二）针对人际关系类问题开展谈心谈话的重点、难点

一是建立信任、深入倾听。在谈心谈话时，建立信任是首要任务。学生只有感受到被理解、被尊重，才会愿意敞开心扉，分享自己的人际关系困扰。倾听是建立信任的关键，辅导员需要耐心倾听学生的心声，理解他们的感受。对于有人际关系问题的学生来说，建立信任可能更加困难。他们可能因为过去的经历而对他人持有防备心理。因此，辅导员需要在谈话中展现出真诚、关心和尊重，逐步打破学生的心理防线。

二是分析问题、识别根源。辅导员在深入倾听的基础上，需要准确识别学生人际关系问题的根源，这可能涉及性格差异、沟通障碍、价值观冲突等方面。通过根源分析，辅导员可以找到解决问题的关键。人际关系问题的根源往往复杂且多样，有时难以立刻找到，这就需要辅导员具备敏锐的洞察力和丰富的经验，结合学生的具体情况进行综合分析。

三是提供个性化建议与引导。基于对学生问题的深入了解和分析，辅导员需要提供具有针对性的建议和解决方案。这些建议应该具体、可行，并有助于学生改善人际关系。不同学生的人际关系问题可能具有不同的原因和特点。因此，辅导员需要制订个性化的解决方案。这要求辅导员具备较高的专业素养和灵活应变的能力，能够根据学生的具体情况提供有针对性的帮助。

四是灵活应对复杂情绪与敏感话题。在谈心谈话中，学生可能会表现出复杂的情绪反应（如愤怒、沮丧、焦虑等）。这些情绪可能会影响谈话的进程和效果。同时，辅导员可能会涉及一些敏感和隐私的话题（如家庭矛盾、情感纠葛等）。处理这些情绪和话题需要谨慎和尊重，确保学生的隐私得到保护。

（三）针对人际关系类问题开展谈心谈话的步骤参考

一是营造安全舒适的谈话环境。在开始谈话之前，辅导员应该选择一个既私密又舒适的环境（如安静的办公室或专门的咨询室），确保谈话不会被外界干扰。同时，辅导员可以调整室内的光线和温度，使谈话环境更加宜人。为了缓解学生的紧张情绪，辅导员可以先与学生进行一些轻松的日常对话，让他们感受到谈话的友好氛围。辅导员还应明确告知学生此次谈话将专注于他们的人际关系困扰，可能会提及一些与人际关系相关的普

遍挑战（如沟通困难、误解和冲突），以此来引出学生的问题和感受，以便学生能够更加专注、投入。

二是倾听学生的困扰与感受。谈心谈话过程中，辅导员需要全神贯注地倾听学生的困扰和感受，避免打断学生的发言，给予其充分的关注和理解。通过点头、微笑或简短的回应，辅导员可以向学生传达出他的关心和支持。在倾听的过程中，辅导员应特别关注与人际关系相关的细节，可以询问学生具体的人际关系问题（如与室友、同学或导师的关系紧张等），引导学生描述问题的具体情境、参与者的行为和他们的感受，以便更深入地了解问题。

三是分析问题的原因与影响。在了解学生的困扰后，辅导员需要与学生一起深入分析问题的原因和影响。辅导员可以通过提问和讨论的方式，引导学生思考自身在人际关系中的表现，以及可能存在的沟通障碍、情绪管理问题或价值观差异等。同时，辅导员可以分享自己的经验和观点，帮助学生更全面地认识问题的本质。在分析问题的过程中，辅导员需要保持客观和理性的态度，避免过于武断。辅导员应该鼓励学生积极面对问题，并一起探讨可能的解决方案。

四是提供具体的解决策略。在分析原因和影响的基础上，辅导员需要为学生提供具体的解决策略。这些策略应该具有针对性和可操作性，能够帮助学生解决实际问题。其中，包括学习有效的沟通技巧（如倾听、表达感受和需求、处理冲突等），建立和维护信任关系的策略（如真诚交流、尊重他人、保持承诺等），解决价值观冲突的方法（如寻求共同点、理解对方的立场、妥协等）。在提供解决策略的过程中，辅导员需要强调，改变需要时间和努力，鼓励学生保持耐心和坚持。

五是总结谈话要点并鼓励积极行动。在谈话的最后阶段，辅导员需要强调人际关系对个人成长和幸福的重要性，总结谈话的要点，鼓励学生积极面对问题并付诸实践。为了鼓励学生积极行动，辅导员可以与他们一起制订具体的行动计划，并约定后续跟进的时间和方式。此外，辅导员还可以提供一些额外的资源（如书籍、在线课程或心理咨询服务），以支持学生进一步探索和改善自己的人际关系。

（四）针对人际关系类问题开展谈心谈话的成效检验标准

一是学生的自我感知与成长。在谈话过程中，学生应深入反思自己在人际交往中的行为模式、沟通方式和情绪管理等方面的问题。谈心谈话后，学生能够清晰地认识到自己在人际关系中的不足之处，并愿意主动寻求改变。

二是学生的行为表现与改变。有效的谈心谈话能够帮助学生提升沟通技巧，学会更好地倾听他人的意见、表达自己的观点和感受，以及给予积极的反馈。当未来出现冲突时，学生能够采取积极、建设性的解决方式（如寻求共同点、妥协、尊重他人等），而不是回避或激化矛盾。此外，学生还会更加积极地参与社交活动，主动拓展社交圈子，增强社交能力，从而建立更加健康、和谐的人际关系。

三是学生人际关系质量的改善。谈心谈话后，学生能够在改善人际关系方面取得进展（如修复与他人的裂痕、增进了解与信任等）。同时，学生能够感受到自己在社交支持方面的进步，在遇到困难时，能够得到更多来自朋友、同学和家人的关心、建议和鼓励。这种社交支持能够帮助学生更好地应对人际关系问题，增强他们的心理韧性和适应能力。

九、如何与发生突发事件的学生谈心谈话

（一）突发事件问题概述

突发事件，顾名思义，指的是突然发生、出乎人们意料的事件。在校园环境中，这些事件可能包括学生家庭变故、身体意外受伤、学业上的重大挫折等。这些事件往往伴随着强烈的情绪反应（如震惊、恐惧、焦虑、沮丧等），甚至可能导致学生产生心理创伤。

突发事件的影响不仅限于学生的心理层面。学业方面，学生可能因为情绪波动而无法集中精力学习，导致成绩下滑。社交方面，学生可能变得孤僻、退缩，与同学、教师的关系也可能变得紧张。长期来看，如果突发事件带来的心理问题得不到及时解决，还会影响学生的性格塑造和人生观的形成。

因此，教育工作者需要密切关注学生的心理状态，及时发现并介入处理突发事件引发的问题。与学生进行谈心谈话是了解学生心理状态、提供支持和帮助的重要途径。

（二）针对突发事件问题开展谈心谈话的重点、难点

一是理解学生感受、提供心理支持。辅导员需要通过倾听和观察，深入了解学生内心的恐惧、焦虑或沮丧等情绪。只有真正理解了学生的感受，辅导员才能给予他们恰当的支持和帮助。在理解学生感受的基础上，辅导员需要用温暖、关怀的语言来安慰学生，让他们感受到自己并不孤单，有人愿意陪伴他们渡过难关。

二是打开学生心扉、与学生一起探讨解决方案。由于突发事件带来的心理创伤，学生可能变得封闭、防备心理强，不愿轻易向他人透露自己的真实感受。这时，辅导员需要运用一些沟通技巧和策略（如温声安慰、展现同理心等），引导学生逐渐敞开心扉。打开心扉后，辅导员应该引导学生思考如何面对和解决当前的问题，帮助他们找到积极的应对策略。这样不仅可以增强学生的自主解决问题的能力，还能让他们在面对未来的挑战时，更加自信、从容。

三是维持学生情绪稳定。在谈话过程中，辅导员需要时刻关注学生的情绪变化，避免提及可能触发学生负面情绪的话题。同时，辅导员要教会学生一些情绪调节的方法（如深呼吸、放松训练等），帮助他们在谈话过程中保持情绪的稳定。

（三）针对突发事件问题开展谈心谈话的步骤参考

一是建立信任关系。在谈话开始前，辅导员可以通过一些轻松的话题或询问学生的兴趣爱好拉近与学生的距离。同时，辅导员要表达出真诚和关怀，让学生感受到辅导员的善意和支持。这样有助于建立起良好的信任关系，为后续深入谈话打下基础。

二是倾听学生表达。在谈话过程中，辅导员要给予学生充分的表达空间，认真倾听他们的讲述。无论学生表达的内容是积极的还是消极的，辅导员都要保持耐心和关注，不打断、不评价。通过倾听，辅导员可以更好地了解学生的想法和感受，为后续的回应和支持做好准备。

三是回应学生感受。在倾听完学生的表达后，辅导员要对学生的感受进行回应。此时，辅导员可以使用一些表达同理心的语句（如"我能理解你现在的感受"或"这对你来说一定很困难"），这样的回应可以让学生感受到被接纳和关注，有助于进一步拉近辅导员与学生的距离。

四是提供心理支持。在回应学生感受的基础上，辅导员要给予学生积极的心理支持，可以鼓励他们勇敢面对困难、相信自己有能力渡过难关，也可以分享一些类似的经历或故事来激励他们。这些支持可以帮助学生缓解心理压力、增强自信心和勇气。

五是引导解决问题。与学生一起探讨解决问题的途径和方法，也是谈心谈话的重要一环。辅导员可以引导学生思考问题产生的原因、影响和解决方案，也可以给予学生一些具体的建议和指导来帮助他们解决问题。这样不仅可以增强学生自主解决问题的能力，还能让他们在未来面对挑战时，更加从容不迫。

六是持续关注跟进。谈心谈话并不是一次性的活动，而需要持续的关注和跟进，在谈话结束后，辅导员要定期与学生保持联系，了解他们的心理状态和问题解决情况。如果发现问题没有得到妥善解决，或者学生的心理状态没有明显改善，辅导员需要及时介入并提供进一步的帮助和支持。同时，辅导员也要鼓励学生主动寻求帮助，让学生知道辅导员随时都在他们的身边支持他们。只有通过持续的关注和跟进，辅导员才能确保学生真正走出困境并重新找回自信和勇气，从容不迫地面对未来的挑战。

（四）针对突发事件问题开展谈心谈话的成效检验标准

一是学生情绪的稳定情况。通过观察学生在谈话后的情绪表现，辅导员可以判断他们的负面情绪是否得到缓解，情绪是否逐渐稳定下来。如果学生表现出更加积极、平静的态度，那么可以认为谈话取得了一定的成效。

二是学生参与解决问题的积极性。如果学生愿意主动参与解决问题的过程、表现出积极的心态和行动，那么说明他们已经逐渐从突发事件的阴影中走出来，开始积极面对生活和学习中的挑战。

三是实际问题的解决情况。通过谈心谈话，如果学生找到了解决问题的途径和方法，并且问题得到了妥善解决，那么谈话的成效就得到了具体的体现，辅导员可以从学生的反馈和行动中来评估这一标准。

四是学生人际关系的改善情况。突发事件可能导致学生与同学、教师之间的关系变得紧张或疏远。如果通过谈心谈话，学生重新建立了和谐的人际关系、增进了彼此之间的理解和信任，那么这也是谈话成效的重要体现。

十、如何与引发网络舆情的学生谈心谈话

（一）引发网络舆情的问题概述

网络舆情的形成往往源于某些具有争议性或敏感性的事件。当学生的言行在网络上被广泛传播并引发公众关注时，就可能形成网络舆情。这些问题可能包括校园欺凌、学术不端、价值观扭曲等，但也可能是一些看似微不足道的小事，由于网络的放大效应而演变成大问题。

例如，某高校一名学生在社交媒体上发布了一条关于对学校食堂的抱怨，称食物质量差、价格高。这条信息迅速被转发和评论，引发了广泛的网络舆情。原本只是一个小小的抱怨，但由于涉及学生的日常生活和权益，因此引起了大量学生的共鸣和关注。

（二）与引发网络舆情的学生谈心谈话的重点、难点

一是建立信任关系。与学生进行谈心谈话的难点在于如何打破学生的心理防线，建立信任关系。由于网络舆情的敏感性，学生可能会产生戒备心理，不愿意轻易透露自己的真实想法。因此，辅导员需要以真诚、友善的态度与学生进行沟通，逐步消除其戒备心理。

例如，在处理食堂问题的案例中，辅导员可以先从学生关心的日常生活入手，询问其对学校生活的感受，再逐渐引导到食堂问题上。通过耐心倾听和关注，让学生感受到辅导员的关心和支持，从而更愿意敞开心扉。

二是了解学生的真实想法和需求。这需要辅导员具备敏锐的洞察力和高超的沟通技巧。例如，在上述食堂问题的案例中，辅导员需要与学生深入沟通，了解其对食堂问题的具体看法和期待，以及选择通过网络来表达不满的原因。

三是引导学生正视错误或不当言行。在上述例子中，虽然学生的初衷是表达对食堂的不满，但其方式可能过于激进或不妥当，容易引发误解和争议。辅导员需要指出这一点，并引导学生以更合理、有效的方式，表达自己的诉求。

四是引导学生自我反思和成长。学生可能对自己的错误行为缺乏深刻的认识，甚至存在侥幸心理。在上述案例中，学生可能认为自己的言行并

无大碍，只是表达了对食堂的不满。因此，辅导员需要帮助学生认识到其言行已经引发了广泛的网络舆情，对学校和社会都产生了一定的影响。通过摆事实、讲道理的方式，引导学生深刻反思自己的行为，并激发其改正错误的决心和动力。

（三）与引发网络舆情的学生谈心谈话的步骤参考

一是充分准备，了解背景。在与学生进行谈心谈话之前，辅导员需要充分了解学生的家庭背景、性格特点、社交圈子等信息。这些信息有助于辅导员更好地理解学生的行为动机和心理状态。在食堂问题的案例中，辅导员可以通过查阅学生的社交媒体账号、与其身边的同学交流等方式，了解学生的日常习惯和社交环境。

二是建立信任，突破心理防线。在谈心谈话过程中，辅导员需要保持真诚、友善的态度，尊重学生的个性和差异，可以通过分享自己的经历或观点，拉近与学生的距离。在食堂问题的案例中，辅导员可以从自己的大学时代谈起，分享自己曾经遇到的类似问题以及解决方式，从而让学生感受到共鸣和支持。

三是深入了解，探究原因。在建立信任关系的基础上，辅导员需要耐心倾听学生的陈述，并深入了解其行为背后的原因和动机。在食堂问题的案例中，学生可能出于对食堂服务的不满而选择通过网络发声。辅导员需要引导学生详细阐述其对食堂问题的具体看法和期待，以便更准确地把握问题的症结所在。

四是引导反思，明确责任。当学生敞开心扉后，辅导员需要引导学生进行自我反思，明确自己的责任。在食堂问题的案例中，辅导员可以指出学生言行的不当之处（如过于激进或缺乏理性分析等）。同时，要帮助学生认识到自己的行为已经引发了广泛的网络舆情，对学校和社会都产生了一定的影响。通过明确的责任划分，让学生意识到自己的行为需要承担相应的后果。

五是共同寻找解决方案。在引导学生明确责任后，辅导员需要与学生共同寻找解决方案。在食堂问题的案例中，辅导员可以与学生一起探讨如何以更合理、有效的方式表达对食堂的不满（如通过正当渠道向学校反映问题、组织座谈会与相关部门进行沟通等）。同时，可以引导学生思考如何避免类似问题的再次发生（如加强自我约束、提高网络素养等）。

六是持续跟进，巩固成果。在与学生达成共识并制订解决方案后，辅导员需要持续跟进学生的改进情况并给予必要的支持和指导。在食堂问题的案例中，辅导员可以定期与学生沟通，了解其是否采取了积极的行动来解决问题，并提供必要的帮助和建议。通过持续的关注和鼓励，帮助学生保持积极向上的态度和坚定改正错误的决心。

（四）与引发网络舆情的学生谈心谈话的成效检验标准

一是学生认识程度。学生是否真正认识到自己的错误以及这些错误对他人和社会的影响。辅导员可以通过学生的口头表述、书面反思等方式进行判断。

二是行为改善情况。学生是否在实际行动中，表现出积极的改变（如遵守学校规章制度、尊重他人、慎重在网络上发言等）。这些改变应该是持续且稳定的，而非一时的敷衍或伪装。

三是心理健康状态的改善。学生在处理网络舆情的过程中，心理健康状态是否得到改善，能否以更积极、健康的心态面对生活和学习。辅导员可以通过学生的情绪状态、日常表现以及心理健康测评等方式进行评估。

四是对舆情的态度和应对方式。学生是否学会以更成熟、理智的方式应对网络舆情，能否在面对负面评价时保持冷静，并以积极的方式进行回应和处理。

五是社会责任感和公民意识的提升。学生是否通过此次事件增强了社会责任感和公民意识，能否在日常生活中更好地履行自己的社会责任与义务。

第六章 谈心谈话案例

案例一：价值引领，成长启航——关于学生干部"功利化"偏差引导的谈心谈话案例

一、案例背景

大学三年级的小贾是学生干部，工作能力较强，表现突出。小贾的班级民主评议排名与上一年相比靠后很多。辅导员经过了解得知，小贾刚当选为学院学生会主席团成员，由于事务性及活动性的工作增多，小贾经常"简单粗暴"地完成教师布置给他的任务，不了解同学的实际情况与困难，只为完成教师布置的任务，往往采取直接、强制的方法，忽略了同学的感受和意见，慢慢地让同学难以接受小贾的工作方式。同时，小贾利用职务之便，不为同学考虑，而是为自己考虑，在组织的活动中，为自己谋取奖项和利益，渐渐成为一名利己主义者，在同学和教师面前，有两副面孔。

本次谈心谈话的目的是帮助小贾纠正目前的思想偏差，认清学生干部的初心使命，认识到自身的错误，树立正确的价值观。

二、谈心谈话过程

辅导员首先肯定小贾的努力和能力，为后续谈话设置了积极的基调。以提出民主评议的结果作为引子，自然过渡到谈话的主题，减少小贾的抵触情绪。然后，表达了对小贾的关注，并希望帮助他找到问题根源，共同改进。这种共情的方式有助于建立信任，使小贾更愿意敞开心扉。

> 辅导员：小贾，今天找你来，主要是想和你聊聊最近班级民主评议

的事情。我知道你平时工作很努力，能力也很强，但这次评议的结果却有些出乎我的意料。我想听听你的想法，也希望能帮你找到问题的根源，一起探讨如何改进。

小贾：老师，我也一直在想这个问题，确实感觉自己最近做得不够好，班级同学和我的关系也变得疏远了。

辅导员：我们先从任务执行的方式上聊起吧。你在完成老师布置的任务时，有没有采用比较直接甚至强制的方式，不太考虑同学的实际困难和感受？

辅导员在提出问题后，根据前期了解到的情况，不激化同学与小贾之间的矛盾，让小贾觉得有同学说他"坏话"，同时直接提出问题，给予小贾充分的时间思考并表达自己的观点，展现倾听的态度。同时，通过提问引导小贾深入反思自己的行为动机。

小贾：（低头思考后）老师，我的确是像您说的这样去做的。其实，我这么做主要是想尽快完成任务，给老师一个满意的答复。有时候，我觉得如果考虑太多同学的意见，任务可能会拖沓，工作效率就会降低。而且，我觉得作为干部，就应该有决断力，不能总是犹豫不决。他们因为这个不选我，我虽然不觉得我这么做有问题，但是这样的结果我能接受，这都是我应该承担的，因为我现在是学生会主席团的成员了。

辅导员：（点头表示理解，但随即指出）你这么想可能真的存在问题。首先你考虑一下，你是出于什么目的要尽快完成任务呢？为同学服务还是嫌麻烦？追求效率和执行力的确是学生干部的重要素质。但是，你忽视了学生干部的本质。学生干部是老师与同学的桥梁，需要站在同学的角度思考问题，做青年友不做青年官。同时需要注意方式方法。你作为学生会主席团的一员，不是同学的领导，如果一味地追求效率，忽略了同学的切实利益，那么即使任务完成了，你作为学生干部的公信力也会受到损害。你觉得呢？

小贾：嗯，老师，您说得有道理。我确实没有考虑到这一点。有时候，我可能是太急于求成了。

> 辅导员：没关系，认识到问题就是进步的开始。小贾，你今天能够坦诚地面对评议结果，深入反思自己的行为和动机，这本身就是一种难能可贵的成长。

接下来，针对小贾利用职务谋取私利的事情，辅导员以"民主评议"为引子，委婉地提出了小贾存在的问题，避免了直接指责，降低了小贾的防御心理。

> 辅导员：接下来，我们再聊聊你在"急于完成任务"的同时，有没有"顺手"给自己认证活动证明或者奖励等情况呢？现在啊，可有同学开始跟我反映了，你在处理一些活动与事务时，似乎更多地考虑了自己的利益，而不是同学们的整体利益。这让我感到有些意外，因为在我眼里，你一直是一个很有责任感的学生。
>
> 小贾：（脸色微微一变，显得有些尴尬）老师，这个绝对没有啊……
>
> 辅导员：小贾，你不用有顾虑，老师一直很信任你，但是你在我们的谈话过程中，已经有脱离群众、脱离同学的情况，那么即使你有思想上的偏差了，我们也以纠偏为主，一定要及时止损。群众基础就像学生干部的羽翼，初心使命是学生干部的内核与灵魂。老师不希望你在出现问题后，还没有直面问题的勇气与能力。
>
> 小贾：（低下头）我承认，我确实没有做到公平、公正。有时候，我会利用职务之便给自己争取一些利益。我会不自觉地倾向于选择那些对我个人有利的方案，而没有充分考虑其他同学的需求和意愿。我这样做，内心也会感到忐忑不安。

对于学生的回复，首先，辅导员要引导学生进行问题确认与反思。通过提问和解释，引导小贾认识到自己的行为对同学造成的伤害，以及对自己未来工作的负面影响，促使小贾进行自我反思；其次，要帮助学生制订改进计划，为小贾提供明确的改正方向；再次，要进行价值观引导与责任强调，强调学生干部的使命和责任，以及公平、公正的原则，帮助小贾树立正确的价值观；最后，进行鼓励与支持，鼓励小贾主动向同学道歉，表达改变的决心,这有助于修复小贾与同学们的关系,辅导员表示愿意为小贾提供帮助和支持,增强小贾的信心和动力。

> 辅导员:小贾,作为一名学生干部,你的职责是服务同学,而不是利用职位谋取私利。你的这种行为会让同学们对你失去信任,你失去同学们的信任和支持,以后的学生工作又该怎么开展呢?
>
> 小贾:老师,我知道错了。我现在真的很后悔。我应该怎么做才能挽回同学的信任呢?
>
> 辅导员:别着急,小贾。认识到错误并愿意改正,就已经迈出了最重要的一步。接下来,我们可以一起制订一个改进计划。
>
> 辅导员:(拿出纸、笔,开始边写边说)首先,你要调整自己的工作方式,学会倾听同学的意见和建议。在执行任务时,尽量考虑同学们的实际困难和感受,采取更加灵活和人性化的方法。同时,你可以定期召开班会或小组讨论会,让同学们有机会表达自己的看法和需求。
>
> 小贾:(认真听着,不时点头)好的,老师。我会试着改变自己的工作方式,多和同学们沟通。
>
> 辅导员:其次,你要树立正确的价值观,时刻牢记自己作为一名学生干部的使命和责任。要时刻提醒自己:权力是同学赋予的,职责是服务同学。在处理班级事务时,要始终坚持公平、公正的原则,绝不能利用职位谋取私利。
>
> 小贾:老师,我明白了。我会时刻提醒自己,做一个真正的服务者。
>
> 辅导员:很好,小贾。我相信你有能力做出改变。最后,我建议你主动向同学们道歉,并表达你改变的决心。你可以通过班会或班级微信群等方式,向同学们公开你的道歉信和改进计划。这样可以让同学们看到你的诚意和决心。
>
> 小贾:(有些犹豫)可是,我担心同学们不会原谅我。
>
> 辅导员:别担心,小贾。只要你真诚地道歉并付出努力,同学们一定会看到你的改变。而且,这次的事情也是一个很好的教训,可以让你更加成熟和稳重。我相信,经过这次事件后,你会成为一名更加优秀的学生干部。

> 小贾：（眼中闪过一丝坚定）老师，谢谢您。我会按照您的建议去做，努力挽回同学们的信任。
>
> 辅导员：（微笑着拍了拍小贾的肩膀）加油，小贾。我相信你一定可以做到的。如果你有任何困难或需要帮助，随时都可以来找我。
>
> 小贾：（站起身，深深地鞠了一躬）再次感谢您的指导与帮助。我会珍惜这次机会，努力成为更好的自己。

三、工作成效

经过此次谈话后，小贾认识到了自己在工作方法上的不足和工作中的错误理念，经过教师的引导，小贾主动和班级同学坦诚沟通，积极改进自己的工作方法，更加关注同学们的需求和感受，在工作中牢记学生干部的初心和职责，主动接受同学们的监督，重新赢得了同学们的信任和支持，成为了一名更加成熟的学生干部。同时，这次谈话也为其他学生干部提供了宝贵的经验和教训，提醒他们在工作中，要时刻牢记自己的职责和使命，做一名真正的服务者。

四、感悟启示

1.思想引领，强化理想信念教育

高校辅导员作为青年大学生健康成长的人生导师和知心朋友，要高度重视对青年学生思想教育、理想信念、综合素质的培养，要围绕学生、关照学生、服务学生，把握学生成长规律，成为学生思想政治教育的引领者，在日常的教育管理中，主动走近学生，了解他们的所思所想，解决现实问题，帮助他们提升责任意识、服务意识、榜样意识，坚定理想信念，端正学习和工作态度，引导他们树立正确的世界观、人生观和价值观。

2.坚持原则,建立健全责任机制

学生干部作为普通学生与教师之间沟通的桥梁,在大学生日常事务管理中,要想将学生管理好、服务好、教育好,就要充分发挥学生干部的重要作用。因此,对学生干部的个人能力、素质等提出了很高的要求。在对学生干部的任用中,要遵循三个原则:严格做好学生干部选拔、定期召开学生干部会议、建立年底考核奖惩机制。对成绩较差、责任心不强、荣誉感缺失的学生干部要及时更换,让学生干部的管理更加透明化,增强他们的责任感、荣誉感和忧患意识。

3.榜样力量,发挥先锋模范作用

辅导员在与学生干部的交往中发现,很多学生存在"官本位"思想,觉得自己与教师的关系好,高人一等,很多学生不能做、不敢做的事情,学生干部会觉得自己有绿色通行证,带头违反学校的校纪校规。在培养学生干部中,辅导员要积极选树榜样,加强对学生的教育引导,在潜移默化中,影响学生的所思、所想、所为,发挥示范引领作用。

案例二:循循善诱,精准指导——关于学生干部竞选中体现出的功利主义的谈心谈话案例

一、案例背景

小伟,男,"00后"大一新生,入学成绩中等偏上水平,综合能力良好,家庭条件良好。该生在新生军训期间,表现积极,在各项训练与组织工作中,均表现出了较强的协调与组织能力,并主动承担了班级临时负责人的工作。然而,在军训结束后,小伟却不愿意承担班级公共事务工作或竞选班级主要学生干部。

经辅导员了解情况得知,当前,部分短视频自媒体以所谓"打破信息差""大学潜规则"等为主题,在大学新生中传播"捷径思想"和"功利主义思维",诱导学生以"精致的利己主义"为原则,将个人发展、成长放置在集体利益的对立面。该生虽然原本有担任主要学生干部的打算,但

在此种思潮的诱导下，该生决定仅以积极的态度获取较高的军训成绩，随后便以"刷经历"的模式担任学生干部，并决定"躺平"。

本次谈心谈话的目的是帮助小伟理性看待互联网自媒体信息，纠正小伟在个人成长、发展道路上的功利主义思想。

二、谈心谈话过程

鉴于该生在前期已经整体表现出了综合能力强、执行效率高、个人目标明确等性格特质，辅导员决定以"直奔谈话主题，激发主动思考"为方略，开展该生的思想工作。随后，辅导员主动约谈该生，以未来个人发展期待、生涯规划为主题，开展本次谈心谈话。

> 辅导员：小伟，你在新生军训期间表现得不错，在学校一切都适应了吗？以后对个人发展有什么打算？
>
> 小伟：谢谢老师的肯定，一切都还好，现在基本适应了住校生活，感觉大学生活还不错，对一切都充满了新奇。我以后想要到业务与所学学科相关的大型央企、国企就职，如果可以，我想要朝着管理岗位努力。

通过此段谈话，辅导员基本确定学生具有以下特点：①之前没有住过校，集体意识不强；②个人发展目标较为明确，在入学前已经做了不少功课；③回复简短不拖沓，思维缜密；④虽然提前做了功课，但是对大学生活的认识仍然处于萌芽期。

在了解到以上情况后，辅导员决定以该生最关注的"个人成长发展"为切入点，启发该生自主思考，开展后续思想工作。

> 辅导员：很好啊，这是个不错的规划和目标。如果你要实现目标，需要在大学四年里培养什么样的素质？
>
> 小伟：学习成绩是第一位的，我想通过学生干部经历再锻炼一下自己的综合能力，如果有时间，我还想参加一些社团。
>
> 辅导员：你说得很对，学习当然是第一位的，专业是你安身立命的

根本所在,但除了专业学习以外,你觉得什么样的素质和能力对你也很重要?

小伟:与人沟通、协调的能力,以及领导力。

辅导员:你觉得自己的沟通、协调能力和领导力与同龄人相比,大概处于一个什么样的水平?

小伟:中等偏上。

辅导员:你觉得还需要进一步提升吗?

小伟:需要。

辅导员:你跟室友相处得怎么样?都熟悉了吗?

小伟:还好吧,大家就是正常交往。

辅导员:你描述一下其余五名室友吧,他们都来自什么地方?性格有什么特点?爱好是什么?作息时间呢?

小伟:(支支吾吾)具体的我不太了解,我只大概知道室友来自哪个省份,平时我跟他们也没有太多交流,我是在收发材料时跟他们有一些对话。

辅导员:小伟,从开学到现在已经接近三周了,你主动担任了班级临时负责人,承担了很多事务性工作,但是居然对室友都不够了解,你觉得自己的组织协调工作以及领导力是否能够应对各种各样的突发问题和挑战?是否能够胜任管理岗位的工作?

小伟:老师,这个我以后注意。

通过此段谈话,辅导员成功将话题切入学生个人成长、发展与能力培养,并从该生自身角度出发,以简短、犀利的语言风格,打破该生的"预装思维"。

辅导员:没关系,一切都是学习的过程,慢慢来。你在军训期间表现得非常积极,但在班级干部竞选过程中,却选择了比较边缘的岗位,军训结束后不太愿意承担班级公共事务,能不能告诉我原因?

小伟:(思考片刻)因为我觉得学习最重要,我也不想管那么多乱七八糟的事儿,网上也是这么说的。

辅导员：你觉得管理岗位的主要工作内容是什么？

小伟：按照我的理解，应该是安排工作任务，协调工作进展，管理工作成果。

辅导员：很好，你的理解基本到位，但这不是管理工作的全部。我们举个例子，假如你是一名车间主任，本季度要完成一项生产计划，在你的辖区内有10名技术工人，其中包含3名生产组长。鉴于当前的市场情况，技术工人稀缺且培养成本高昂，因此，你不能单纯依靠换人来解决问题。但是你的团队由于种种原因不够团结，你的工作安排不能顺利推行，从而导致你的工作成果管理非常被动。对于此种情况，你会如何应对？

小伟：我会按照公司规章制度进行管理，与此同时，我也会非常重视与团队成员进行沟通，尝试获得他们的认同和支持，增强队伍的凝聚力。

辅导员：很好，你的理解很到位。但你推翻了你刚才关于承担班级公共事务与个人领导能力建设的判断。因为在此情景下，你不仅承担了单纯的工作安排任务，还要去了解个人实际情况，做单个员工的工作，承担了一些"乱七八糟"的工作任务。

小伟：（沉默不语）。

辅导员：但在现在的情况下，你仅与你的员工建立了工作关系，对他们的个人情况几乎一无所知。在单位有生产任务压力、员工不认可的情况下，你的工作任务是否能够按时保质完成？

小伟：大概率不能。

辅导员：你之前讲的那些，老师都能够理解，因为从本性出发，谁都不愿意为自己找麻烦、加任务。存在"事不关己，高高挂起"的思维是正常的，但这不应当是一名优秀领导者的成长之路。自媒体或许会迎合你的感情冲动，但却不会告诉你个人的成长没有所谓的捷径。纸上得来终觉浅，绝知此事要躬行。不亲自下场历练，提高自身认识与觉悟，怎么能实现你的目标？你觉得老师说得有道理吗？

小伟：有道理。

辅导员：现在你判断一下，承担公共事务，为班级同学服务，增强

自己与班级同学的感情纽带,是否与个人成长、发展构成绝对对立关系?

小伟:老师,我明白了,我之前对于大学的认识还是不够深入,我现在觉得网上说的那些话,有的还是太肤浅了。今天跟您聊了之后,我仿佛打开了新世界的大门,我以后一定注意杜绝利己主义思维,让自己成长为更加全面发展的优秀学生,也希望学院能够给我服务同学、锻炼自己能力的机会。

三、工作成效

经过此次谈话后,该生的利己主义思维出现了比较明显的改观。谈话过后,经辅导员从侧面了解到,该生与室友、班级同学的关系明显改善,并愿意主动承担班级各项公共事务工作,且其工作能力与认真负责的工作态度赢得了班级同学的一致认可。

四、感悟启示

1.构建信任基石,为谈心谈话工作搭建良好基础

在辅导员与大学生的谈心谈话中,首要任务是构建信任基础。这要求辅导员以高度的专业素养和真诚的态度,主动了解学生情况(包括其学习、生活及心理状态)。在谈话过程中,辅导员应积极地倾听,确保学生感受到被尊重与重视。

2.实施精准识别,提供个性化指导与支持

辅导员需具备敏锐的洞察力和分析能力,以精准识别学生在学业、情感、职业规划等方面的问题。通过深入细致的询问与观察,辅导员应全面了解学生的实际情况,并据此制订个性化的指导方案。针对不同学生的特点与需求,选择有针对性的谈话切入点。

个性化指导是提升谈心谈话效果的关键。辅导员应秉持因材施教的原则,关注每一名学生的独特性,通过精准识别与个性化支持,促进学生的

全面发展与成长。

3.强化后续跟进，形成闭环管理机制

谈心谈话工作不应止步于一次性的交流。辅导员需建立有效的后续跟进机制，定期回访学生，了解问题解决的进展及新的需求与挑战。辅导员应通过电话回访或侧面了解情况等方式，保持与学生的密切联系，确保学生的问题得到妥善解决。同时，鼓励学生主动反馈，形成双向互动的沟通模式。

闭环管理机制是确保谈心谈话工作持续有效的关键。辅导员应充分认识到后续跟进的重要性，将其视为工作的重要组成部分。通过强化后续跟进，不仅可以巩固谈心谈话的成果，还能及时发现并解决新的问题，为学生的健康成长提供持续的支持与保障。

案例三：弯路多风景，逆袭再成长——关于学生学业、职业生涯规划指导的谈心谈话案例

一、案例背景

李明，男，某高校工科专业本科生，家庭经济状况良好，家中独子，形象、气质良好，但有言语障碍（口吃），表达较为困难，高中时，在学校和家庭较为严格的管理下，成绩一直处于前列。该生自入学以来，因表达困难，比较内向，与同学交流较少，但相处融洽，在班级活动中表现正常，没有引起其他同学的特殊关注。大学第一学期期末考试后，成绩较为普通，但没有出现不及格的情况。大一第二学期开学后，辅导员发现该生经常在寝室玩游戏、睡觉、上课迟到，甚至旷课，不参加集体活动。辅导员通过寝室同学进行了解，同学们普遍反映该生近期变得尤为内向，不愿意与同学交流。辅导员通过两次走访寝室、一次主题团日活动，多次看似无意、实则有意地暗示该生，但未见成效。得知该生在高中时，家长和学校管理比较严格，目前，该生对大学较为自主的学习、生活状态比较喜欢，经过一个学期的体验，发现学习压力不是很大，课程很容易及格，因此，想尝试一些新鲜事物。目前，该生在校外从事兼职平面模特工作。第二学期期末考试后，该生有四门考试不及格，被列入了学业预警学生的范

畴。辅导员决定与该生慎重地开展一次谈心谈话。

二、谈心谈话过程

辅导员主动找到该生并与其进行沟通。谈心之初，该生由于语言障碍和紧张，显得有些痛苦，表达尤为困难，辅导员利用心理学的知识和技巧，经过多次耐心的疏导，与该生建立了信任的关系。

> 辅导员：李明，来来来，快坐，不愧是平面模特，今天这身装扮比上次参加团日活动的时候更精神啦，如果头发再理理就更好啦！开学这段时间都忙什么呢？哪门课程比较不好学？
>
> 李明：老师，您也知道，我上学期一下挂了四门，心情也不好，不知道什么时候能补过，不知道从哪儿开始学。之前高中管得严，想不学也不行，现在我就比较懒。我说话这样，班级那种热闹的场面也不适合我，上课老师提问，我也没法回答，就不想去上课了。老师，之前我不上课，您找我谈了好多次，我现在都去上课了，就坐在角落里，也不用说话。要是没有课的时候，我还去做兼职的平面模特。（口吃状）

通过谈心谈话可以看出，该案例的表象是学生在经过紧张高考后，缺乏自律性，自我要求降低，对学习的困难程度预判不充分，学习动力不足，进而导致考试成绩不及格。

分析其内在原因：①该生由于语言障碍，在课堂上很难有积极的表现，与任课教师之间的沟通也较为困难，内心的想法无法表达。此外，专业学习压力较大，综合因素使他渐渐丧失了对所学习专业的兴趣。②该生在上大学之前都是在相对高压的环境中被动学习，缺乏主动学习的意识和能力，容易沉迷于游戏等。该生在专业学习出现困难后，由于自身形象和气质非常好，他尝试去做平面模特，到了一个喜欢的领域。③在校外从事平面模特兼职工作，占用了他的大部分时间和精力，进而导致对专业课的学习更加缺乏动力，学习能力不足，形成了恶性循环。

总结：学生学习能力与其心理因素有着直接或间接的联系，紧张、缺乏学习动机、学习价值取向存在偏差都会造成不同程度的学习困难。此外，学生的自尊水平、自信水平、对学业的态度、对学业的归因等都与学习困难密切相关。

> 辅导员：我能感受到你的努力和改变，整体还是向好的。目前，你还是比较介意你表达上的问题吗？
>
> 李明：嗯，我说话这样，我班同学还比较有耐心，但我自己觉得不好，我也不知道怎么办。
>
> 辅导员：如果想要改善表达方面的情况，你愿意付出努力吗？
>
> 李明：我想试试。

通过上述谈话，辅导员与学生再次确认，了解到学生对自身现状不满意，希望得到改变，却有些力不从心。学生的表达问题对其影响较大。因此，辅导员希望帮助学生先改善表达能力。辅导员向学生讲述了古希腊卓越的政治家、雄辩家德摩斯梯尼口含石子练习表达的故事。德摩斯梯尼年轻时口吃，说话气短，而且爱耸肩。这大概是最不适合学演讲的了，所以他初学演讲时，曾被听众哄下台。但他毫不气馁，为了练习发音，他口含石子练朗诵；为了克服气短，他一面攀登陡坡，一面吟诗；甚至悬起两把剑来改正自己爱耸肩的毛病。经过坚持不懈的努力，他终于成为著名的雄辩家。

利用这个故事，计划解决两个方面的问题。①遇到挫折的应对方式，不是逃避，而是迎难而上。②利用合理的方法，引导学生通过努力做出改变和取得进步。启示辅导员要找到引发问题的本质和根源，从主要矛盾入手，进而延伸到引发的其他问题。

两周后，辅导员与李明再次谈话。

> 辅导员：我听说你最近每天都在练习含着糖块讲话，很辛苦，感觉怎么样？
>
> 李明：老师，我寝室的同学说我讲话顺畅多了，但是我自己没什么感觉，您觉得我有进步吗？
>
> 辅导员：很不错啊！确实有提升！老师从你进到办公室，就感受到了你比上一次更加自信，多了几分活力。最近学习和生活上，还有什么困难吗？

> 李明：老师，这学期的课程我学得也不怎么好，可能是上学期落下的太多了，力不从心。天凉了，早上不想起床，不想出寝室，更不想去自习室，有时也学不进去，发呆。

通过本次谈话，辅导员发现该生的自信心明显提升，但是存在学业困难的情况，辅导员将其作为重点关注、帮扶的对象，与其家长进行了多次密切的电话或微信沟通，学生家长、学生本人和学校，共同协商拟定了多方位、立体式的帮扶措施。①改变该生已经形成的早上不想起床、不想下楼、吃外卖等不良生活习惯，请主要学生干部重点督促该生养成良好、规律的生活习惯。辅导员了解到该生能正常上课，但是在没有时，该生称自习室没有座位，可以在寝室看书。为了让该生走出寝室，同时避免让其产生被监管、被拘束的感觉，辅导员在学院的小型活动室中，开辟了一个小型的自习空间，可供7~8人自习使用。辅导员让寝室的其他同学看似无意地带着他一起自习。②辅导员借助"学业精准帮扶，培育优良学风"主题党日活动，邀请学院的专业课教师指导该生制订合理的学习和重修计划，学生所学专业每学期正常开设的课程压力相对较大，在保证基础学业的前提下，重修没有及格的课程。专业课教师在指导该生做好学业规划的同时，了解了该生的学习困难，帮助其改变学习方式方法，尤其改善与任课教师的沟通情况、课堂表现情况等，给予该生更多的鼓励和关怀。③通过团体辅导，增强班级同学对该生的关注程度，用温暖的集体力量舒缓该生压力，请同学们给予该生更多的关心和支持。此外，充分尊重该生的选择，在完成学业的前提下，该生可以再从事热衷的领域。

下一次的谈话是在该生学习状态好转后进行的，主要谈的是未来规划。

> 辅导员：小伙子，最近非常棒！我看你课堂上都坐到第一排了。把这学期的课程盯住，千万不能再有不及格的。下学期把不及格的课程重修过，就无债一身轻了。最近还做兼职吗？
>
> 李明：谢谢老师，我最近感觉状态越来越好了。现在我基本也不去做平面模特了，其实我当时去做平面模特是因为不用我说话，我未来还是想从事与本专业有关的工作。

> 辅导员：大一时，你自己写下的大学目标还记得吗？
>
> 李明：记得，我想就业。老师，你说凭我现在的成绩，能找到好工作吗？
>
> 辅导员：我们站在一起，我们的位置就是你的当下，请你向前迈一步，这是一年后的你，你是什么样？我们一起再迈两步，这是大学毕业的你；我们一起再迈三步，这是毕业三年后的你；接着，我们再走向毕业五年后、十年后，那时的你是什么样？

此部分谈话，辅导员主要通过问题引导学生思考目前的优势、不足、可提升的空间，以及未来的目标、实施路径等，进而引导学生结合自身的特点，做出合理的目标规划。

三、工作成效

经过一个学期的尝试，该生本学期没有重修课程，没有新增的不及格的课程；第二个学期尤为重要，该生确保了本学期开设的课程考试全部通过，重修的四门课程中，只通过了一门课程的考试；学生家长、学生本人和辅导员都没有放弃，最后，在大三下学期，该生按期完成了所有课程的修读。该生性格变得更加开朗，坚持锻炼表达能力，在大四上学期，该生成功签约沿海一家企业，成为一名设备工程师。

四、感悟启示

1.关注学生出现异常状况的真实原因

高校大学生出现考试不及格等学业困难时，家长和教师关注的主要是学生的学习态度，其内在真正的原因往往无法被及时发现，得不到家长和教师的重视。因此，辅导员在开展工作的过程中，不仅要对学生群体中出现不良状况的同学给予重视，而且要耐心地探寻背后真实的原因或者潜在的影响，进而有的放矢，抓住矛盾的本质，从根源解决内动力的问题。

2.充分给予学生关爱和信任

多数大学生认为,辅导员要负责四五百名学生,辅导员根本不认识自己,更不会关心自己。随着"90后"大学生"心理断乳期"延后,离开熟悉的城市和家庭,内心会感到孤独,出现困难不知如何排解或寻求帮助。作为学生在学校的第一责任人,辅导员要及时为这样的学生提供爱的帮扶。只有给予学生足够的关爱,让学生卸下心防,敞开心扉地交谈,才能在交谈中找出根源,从而有的放矢,更有效地解决问题。

3.熟练掌握谈心谈话技巧,让沟通更加有效

有效地沟通,才能有效地解决问题。在与学生谈心谈话的过程中,恰当地运用心理学技巧,在谈话中,敏锐地发现问题,并且以尊重、热情、理解、积极的态度面对学生,要有足够的耐心倾听,并且适时反馈、恰当提问,从而与学生建立起信任关系,找出问题的根源,顺利地化解问题。

案例四:让梦想再次起航——
与一名结业生的谈话案例

本科结业、肄业生作为"边缘"群体,在就业市场中举步维艰,在学校学满六年,最终却不能正常毕业,很可能给当事学生和他的家庭带来严重的后果。

一、案例背景

小杰,机械工程与自动化学院2015级学生,2018年因成绩问题降级,分到新寝室后,小杰在与新室友相处过程中,感觉不是很愉快,学习压力倍增,于是申请校外住宿。作为一个从新疆来远道求学的孩子,小杰怀揣梦想,想考研升学。2021年年初,小杰在得知物理考试没有及格时,梦想破碎,作为求学已满六年的学生,他只能选择结业或者肄业。

在得知小杰无法按时毕业后,辅导员马上与他联系,他的心情很低落,感叹"六年的大学白上了""这辈子就完了",不能正常毕业对于小杰来说是一个非常大的打击。辅导员意识到,如果因身心成长变化引起严重

心理失调，可能会给小杰带来严重的后果，她必须帮助小杰及时调整心态，正确看待未取得学历证书和学位证书的问题，并帮助小杰做好生涯规划。

二、谈心谈话过程

第一次谈话于 2021 年 3 月 12 日在办公室中进行，小杰的状态很不好，心中满是失望和悲观，帮助他稳定情绪并找到新的人生目标是谈话的主要目的。

辅导员劝导小杰接受现实，及时调整心态。人生有追求、有奋斗、有成功，也会有失望、有失败、有挫折，挫折与成功一样，是一个人成长与发展不可缺少的，是人一生的伴侣，也有其积极的意义。不能正常毕业拿到毕业证和学位证，就是人生目前的挫折。挫折可以使人成长得更加坚强成熟，可以让人反省变得更加聪明睿智，可以激励人更加自强，可以锻炼人的意志力。辅导员以之前带过的学生为例，有读过四年退学，重新考入理想大学的；有误入传销组织导致六年不能继续上学，之后重新考入大学的；有贪图娱乐导致退学，重新考入大学的。只要有目标，目前的挫折并不会影响人生大的方向，正确分析自己的大学之路，如果是因为主观不够努力，就应该发愤图强、积极进取；如果是因为方法不当或认知有偏差，应该及时总结经验吸取教训，这样才能更好地调整心态，有效、合理地度过大学最后一个学期。

看到小杰心情逐渐平复，辅导员引导他积极行动，以结业为目标，继续学习。毕业设计学分为 14 分，能否正常完成毕业设计并合格是非常重要的。一些学生认为自己不能正常毕业就自暴自弃，放弃了大四第四学期的课程学习和毕业设计，最终只能拿到肄业证，更难得到用人单位的认可，也无法继续深造。辅导员鼓励小杰坚定信心，一定要完成本学期的所有学习，争取结业，这对之后的就业和继续学业都有很大的帮助。

辅导员鼓励小杰抱有希望，帮助其结合自身的性格特点和爱好所长，制订新的人生规划。结业看似"浪费"了六年时光，但其所学的知识已经熟记于心，认真负责的态度、反思成长的能力、正确的三观已经内化于行，这些都是六年大学时光累积的，没有"浪费"一说。现在只是人生的分岔路，并不是绝路。只要根据实际情况做好规划和准备，了解整个社会

大的工作趋势，朝着这个目标不断去努力，一样能获得成功。

小杰认可辅导员的说法，觉得人生又有了新的目标，从办公室离开的时候脸上又有了笑容。

第二次谈话在小杰平复心情之后，辅导员希望通过谈话帮助小杰重新做好职业生涯规划，鼓励他，无论用哪种方式，最终目的是能够有一技之长，实现人生理想。

如果想就业，可以就某一方面的爱好继续学习，可以找一家单位实习，累积经验，也可以自己创业；如果想深造，可以查找接收以结业同等学力考研的院校，补充学习学校加试课程内容，争取一次考试。

小杰看上去又有了信心，与第一次谈话时的悲观和迷茫相比，已经有了很大改善，接受了不能拿到学历和学位证书的现实并做好准备向未来出发。

第三次谈话在"五一"假期结束后，辅导员又联系小杰，通过网络交流的方式谈心，得知他投了几次简历，并且有一些面试，最终找到了一份在培训机构做助理的工作，已经开始实习。同时，他也在坚持做毕业设计。实习后，小杰有了一定的经济基础，同时，时间比较弹性，他也可以准备考研。辅导员肯定了小杰的行动能力非常强，走出了新路。

第四次谈话是小杰主动找辅导员，他的状态有反复，询问毕业设计是否真的那么重要。他到单位实习，感觉工作和学习难以兼顾，想放弃做毕业设计。辅导员和小杰谈了结业和肄业的区别，询问他是否需要帮助和与指导老师沟通。在辅导员劝导之下，小杰意识到结业的重要性，选择继续努力做好实习和毕业设计的时间分配。

三、工作成效

2021年6月，小杰通过毕业设计，拿到了结业证，目前在培训机构做顾问，并准备考研。如他所愿，梦想仍在路上。

在此谈心谈话案例中，及时干预非常重要。首先，辅导员一直对小杰的学习状态保持关注，在得知他不能正常毕业时，第一时间与他取得联系，进行沟通和引导，及时化解了小杰不安、紧张、焦虑的情绪，有效地缩短了其心理恢复期的时间，减轻事件造成的心理伤害程度。

其次，通过谈心谈话，要注重培养学生健全的人格。在学业困境下，大多数结业、肄业生的抗压与受挫折的承受能力不足，需要辅导员重点做好这些学生的心理健康教育工作，筛选出有心理问题的学生予以关注，提高他们的抗挫折能力。

最后，要有针对性地开展谈心谈话。结业、肄业生面临的最大问题是学生个人前途问题。当学生结业或肄业后，应结合实际对学生进行就业指导培训，帮助学生做好职业生涯规划，让他们对前途依然抱有期望。就业指导除了介绍有关的就业政策、就业信息、择业技巧以外，更应该注重对结业、肄业生进行择业观、人生观、价值观教育。

四、感悟启示

谈心谈话要做到"三心"，即知心、连心、润心。

知心，即辅导员在谈话前，要对学生的基本情况进行了解，掌握学生的家庭成员、社会关系、经济情况、地域情况等；还需根据不同情况，掌握学生的学习生活、人际关系、困难困惑等细节。通过与学生谈话，精准掌握学生原生家庭和人际关系情况，以及引起学生困难、困惑的根本原因。

小杰是独生子，父母均是普通的工作者，他性格较为内向，大学时期因降级和与班级同学交往非常少，没有好朋友。在家中，他与父母交流较少。他做事认真，也会反思自己的过往，能够听从劝导，并形成自己的理解，行动力较强。因此，与小杰谈心谈话可以进行一些观点的输出，他会思考。

连心，即与学生建立良性信任关系，做好知心人。辅导员初识小杰是在2020年3月，那时他没有从2020级毕业，作为降级生降到2017级，作为辅导员，她对入学即将满六年的孩子特别关注，和小杰的交流比较多，有良好的互动，为谈心谈话打下了良好的基础。

润心，即对特殊学生要持续性实施有针对性的谈心谈话，以达到滋润学生心田的效果。持续性的谈心谈话能更好的起到引导作用，进一步保证谈心工作的效果。结合小杰毕业生的身份，逐步帮助他做好人生新的规划，以期能够提高其抗挫能力、改善就业质量。

案例五：细心捕捉，诲育纠偏——关于学生学业、学术诚信问题解决的谈心谈话案例

一、案例背景

小刘，男，大四应届毕业生。自大一入学以来，小刘学习态度端正、学习习惯良好，绩点始终保持在3.7以上。由于小刘在专业分流中选择了热门专业，专业内同学成绩普遍较高，很难获得推免资格，小刘在大三下学期就有针对性地开始进行考研备考，最终成功考取理想院校。但进入毕业季，随着毕业设计进程的推进，小刘的状态出现变化，平时积极参与各类活动的小刘，"破天荒"的请了假，理由是"毕业设计任务太重，实在是完成不了"。与此同时，辅导员发现小刘情绪低落，十分焦虑，谈及毕业设计紧张落泪。

辅导员经过与小刘的沟通了解到，自通过考研复试之后，带着"放松一下"的想法，从3月开学起，小刘的毕业设计进度就始终停滞不前。随着时间的推移，小刘发觉完成毕业设计的时间越来越紧张，于是就萌生了"借力"的想法。小刘在网络平台上购买了一份图纸，但是拿到"成品"后，随着毕业设计的深入，小刘发现这份图纸错漏百出，其中有很多与基础知识有关的错误，但是以当前剩余的时间，小刘已经来不及推倒重来了。与此同时，指导老师出差，小刘无法与老师面对面请教，使得他的情绪崩溃，对于毕业设计极度焦虑，注意力完全无法集中，毕业设计的进度更慢了。

本次谈心谈话的目的是帮助小刘解决集中在毕业设计上的学业问题。在此基础上，要帮助小刘强化学术诚信意识，端正学习态度。

二、谈心谈话过程

辅导员通知学生参与毕业生活动，学生回复"老师，我的毕业设计完不成了，实在去不了，不好意思"，辅导员表示理解，并鼓励了学生。当天，在学生宿舍大厅内与学生相遇，遂与学生主动沟通，详细了解了学生

毕业设计的相关情况，尝试帮助学生解决问题。

> 辅导员：小刘啊，你怎么看着这么疲惫呀？是因为毕业设计的事情吗？
>
> 小刘：老师，您好！是呢，最近一直在忙毕业设计，我刚从图书馆出来，吃完饭，现在准备回寝室接着画图了。
>
> 辅导员：真不容易啊，我看大家最近都在忙毕业设计，今年要求变高了吗？感觉大家好像都特别焦虑呢！
>
> 小刘：其他人我不太知道，但是我不是出于毕业设计要求变高的原因，是出于我自己的原因，是我自己做得不好。
>
> 辅导员：你可是高分通过考研初试的同学，基础知识都特别扎实，可能是你对自己的要求太高了！
>
> 小刘：不是的！老师！我现在特别清楚，不是我对自己要求高，是我现在连最基本的要求……（哽咽）工作量都达不到！
>
> 辅导员：工作量，是指要求的画图的张数、图纸内容丰富度，还是最后设计书的字数呢？
>
> 小刘：都有，但主要是图纸，我那个图纸，就是有一个3D转2D的过程，但是我现在根本没法转（流泪），就是，就是我画不出来……
>
> 辅导员：（轻拍学生手臂安慰）小刘，没事的，你慢慢说，我们可以一起去办公室坐着聊聊，看看有没有老师能帮得上忙的地方。

谈话至此，辅导员对于学生反馈的情况有了初步的了解，针对学生存在的问题，可以有以下几点基本的判断。①学生在完成毕业设计的过程中遇到了困难。②学生遇到的困难主要集中在图纸的工作量上。③学生由于图纸的不完善，目前十分焦虑，情绪波动大。④综合学生此前的学习能力和情况，结合询问中的初步了解，基本可以排除学生是由对自我要求过高而导致的焦虑情绪。

辅导员与学生在寝室大堂内的这段对话，是对前期活动邀约中学生对自身情况反馈的进一步了解。通过细致列举询问不同情况的学生，辅导员对于学生在完成毕业设计中遇到困难的具体方向有了基本的把握。在发现学生出现较大情绪波动后（哽咽、哭泣等），辅导员第一时间给予情绪上

的安抚，同时迅速做出下一步行动，引导学生共同详谈，帮助学生出谋划策，真正发挥了做学生知心朋友和良师益友的作用。

辅导员：（师生室内就座后）小刘，毕业设计不光是靠自己的努力，老师的指导也很关键。你刚刚说，你在画图上，特别是图纸中3D转2D的过程中有很大的困难，你有没有尝试问一问指导老师的意见呢？

小刘：我早些时候其实就和（指导）老师说了，老师也帮我看过图，但是我做的这个课题比较新，老师涉猎的也不多，老师看了也说工作量有点不够，但是具体的修改意见要等我的2D图纸全部完成才能继续细致修改。但是我现在根本等不到这个时候了！我画不出来！就算画出来，也不可能是对的！它……它现在根本转不了！而且老师这两天出差了不在学校，我没办法面对面给老师看图，我根本改不了！就是改不了……（学生为难）

辅导员：你说你做的课题新，没有参考，这一点我特别理解。最近也有一名同学，毕业设计进行得特别难，也是因为内容太新了。这说明你现在进行的这个毕业设计的难度在某种意义上远高于平均水平，你现在完成的毕业设计，虽然最后需要有一个成果，但是我相信答辩专家肯定会对课题的难度有一个基本、客观的判断，对于难以完成的设计也会有合理的评分标准，我们可以一起和老师去沟通这个问题。

小刘：不是课题的问题！不是！我没办法找老师！（学生表露明显抗拒）

辅导员：是有什么其他的原因，让你现在这么焦虑吗？除了工作量以外？

小刘：……（学生犹豫）其实……我的3D图有一部分是网上的……

辅导员：网上的意思是什么？

小刘：（小声）就是花钱……

辅导员：你不想联系老师，是怕会被发现？又或者是怕会受到批评吗？

小刘：我知道这不对，但是……当时我没想那么多，我看别人也买，但是就我买的太差了，图中的错误百出……我现在明明知道里面有很多错，但是我改不出来了，我也不敢和老师说……

至此，辅导员在谈话中发现学生完成毕业设计不顺利的深层次原因是学生投机取巧，踩到了学术不端的"红线"。但是从学生的回答中可以看到，学生对于自己的行为还未形成正确的认识，只是因为如今的设计不顺，一味地抱怨自己的"不幸"，根本没有意识到思想上已经出现了偏差。对此，辅导员要及时阐明自己的观点和态度，引导学生正确认识自己的错误行为。

辅导员：小刘，你为什么不敢告诉（指导）老师呢？

小刘：这可是学术不端（小声）……我怎么敢说。

辅导员：看来你也是很清楚的，毕业设计虽然对于学术来说只是本科阶段学业的实践和总结、未来学术的一个起点，但是我们都听过"扣好人生第一粒扣子"，你的毕业设计可以说是学术人生的第一粒扣子，你忍心看到它就这样蒙着尘，终结了你的大学吗？

小刘：老师，我不忍心！但是我现在真的没有办法了，我想过要推倒全部重画了，但是时间根本来不及，就算我现在不吃不喝，我也没有办法实现，我现在都不想读研的事情了，我觉得我肯定毕不了业了（激动）。

辅导员：你想推倒重画的想法，有没有和老师交流过呢？

小刘：没有过，我怕老师问我为什么。

辅导员：小刘，现在你是这件事情全过程的知情者，所以你清楚地知道，现在的图纸是不能用的，你也萌生了重画的念头，但是你没有信心去完成。虽然老师不懂，但是我们还有很多的专业课老师，他们每年参与毕业设计答辩的评审，对于图纸工作量和质量要求都很了解，我有这样的一个想法，你看看是否可行。我看你很想寻求一名老师面对面的指导，所以由我来出面，帮你寻找一名可靠的老师，你可以当面把你在图纸上发现的问题向老师进行询问。同时，关于是否来得及重画，可以让专业的老师给你一个参考的意见。当然，你不要担心，全过程不会透露你的名字，你所在的分组与这名老师也并不重合，你觉得呢？

小刘：真的可以吗？如果老师觉得我来得及修改，我一定会改的！我保证！老师，您看现在能不能就找老师给我看一下呢？我真的太焦虑了，我每天都睡不好，但是改图的时候我根本集中不了注意力，效率特别低！

随即，辅导员迅速联系到了一名本专业具有丰富经验的教师，在保护学生隐私的基础上，辅导员与教师沟通了学生的基本情况，帮助学生约定了与教师看图的时间和地点。在学生与教师沟通之前，秉承着"宽严相济"的育人原则，辅导员对小刘进行了批评教育。

辅导员：老师这边已经帮你联系好了，小刘，今天你和我说了很多。首先，我特别开心，你能对我信任和坦白。今天既然你选择告诉我，我相信，你也希望能有一个响亮的声音喊醒你，甚至是一个响亮的巴掌打醒你。人非圣贤，孰能无过？今天你坦白之后，我特别能够理解你因一念之差犯下的这个错误。但是今天老师也想告诉你，"失之毫厘，谬以千里"，今天我们精神上开了一个小差，你一旦踩上学术不端这条"红线"，以后就有可能带着侥幸心理一次次越"雷池"，可以说是后患无穷。都说诚信是我们中华民族的传统美德，为何能够成为美德，其中关键一点正是因为坚守的不易……

辅导员继续从传统美德中的诚信出发，结合学生未来即将参与的学术科研生活，带入日常中奖学金分数计算、科创竞赛评奖等等场景，引导学生换位思考，思考坚持诚信做人、做到学术诚信对于每个人的重要性。

小刘：老师，我真的做错了。刚刚您说了很多，我也想了很多。之前我确实抱有侥幸心理，我想别人买，我也买，但是您说得对，我不应该人云亦云，我本来应该对自己有更高的要求。其实这些知识我是懂的，我也有把图画好的能力。

辅导员：（观察到学生的焦虑情绪有所缓解，辅导员趁热打铁，继续鼓励学生）你说得对！人生波澜万丈，自有高低起伏。现在的你在毕业设计上遇到了一点困难，是因为到了爬坡的阶段，事虽难做则必成，关注点永远不是在事难，而是在做事。之前你的学习生活一直都很顺利，可能在你自己的观念里，很难想象自己有一天会被毕业设计的图纸难住，所以给你造成了成倍的冲击。今天我们聊了很多，也是一个跳出牛角尖思维的过程，我们要往前看目标，老师已经约好了，明天我们就可以围绕具体问题向老师好好请教。

小刘：好的，老师！您放心，您费心帮我联系了老师，我明天一定会带好所有的材料，和老师好好交流，如果毕业设计有新的进展或者困难，我还能来找您吗？

辅导员：可以的！欢迎你来和我交流感受，毕业设计这一步，要踏得稳、踏得准！

辅导员帮小刘拿起装有笔记本的书包，陪着小刘走到了寝室大堂，与小刘告别。

翌日，小刘与专业教师进行了细致交流，教师给出了具体的修改意见，小刘"加班加点"进行修改。随着毕业设计进程推进，小刘先后在递交最终毕业设计前、答辩前与辅导员进行交流。针对小刘节点性的焦虑情绪，辅导员进行了针对性的疏导。

三、工作成效

经过系列谈话后，小刘开展毕业设计的状态有所好转，效率有明显提升，情绪状态有所转变。据同寝室友反馈，小刘的社交状态和睡眠状态也有明显的好转。虽然后续由于毕业设计节点的推进，小刘的焦虑情绪有反复，但是毕业设计图纸的质量有明显提升。在后续的谈话之后，小刘的情绪相对稳定，逐渐走出了焦虑的情绪，也充分认识到了自己的错误。

对于毕业设计图纸，小刘进行了重新的修改和完善，最终顺利地实现了图纸从3D到2D的转化，他的毕业设计最终成功通过了答辩考核，他顺利地前往理想的院校攻读硕士研究生。

四、感悟启示

辅导员身兼教师与管理者的双重身份，扮演教育、管理、服务这三大岗位上的全部角色。面对处于"拔节孕穗期"的大学生，辅导员需要当好引路人，成为学生的人生导师和知心朋友。围绕诚信教育，辅导员往往依托主题班会、团日活动等契机开展专题教育，但从小刘出现的问题上可以看到，仅仅依托于此，诚信意识的"入脑入心"效果还不尽如人意，需要从学生日常学习、生活出发，做细做实诚信教育。

一是强化纪律教育。辅导员可以加强规则意识教育和校纪校规教育，以学生校规校纪掌握度，提升带动整体学风、学术氛围优化，使校纪校规成为保障学术诚信不可跨越的"红线"。二是不仅要润物无声，更要言传身教。一方面，辅导员可以充分利用各种资源，通过增加诚信教育的频次，循序渐进、潜移默化地实现学生诚信意识的质变；另一方面，辅导员要言传身教、率先垂范，以身清气正的形象影响学生，以诚实守信的人格魅力感染学生。

案例六：重拾希望，点亮未来——关于学生心理问题的谈心谈话案例

一、案例背景

彤彤，艺术类专业女生，家庭关系较为复杂。父亲身体残疾，母亲患有抑郁症。幼年时期父母离异后，她跟随母亲生活。母亲再婚后又离异，有同父同母弟弟一名和同母异父弟弟一名。家庭的经济来源主要依靠母亲打零工维持，生活极为拮据。近期，母亲的身体状况更是每况愈下，频繁就医服药，这无疑使彤彤本就艰难的生活雪上加霜。除了家庭的重负，彤彤在学习上也面临着巨大的压力。她英语基础薄弱，使得她在学业上步履维艰，尤其是在英语学习上感到异常吃力，挫败感如影随形。近期，由于英语课业压力过大，彤彤的情绪彻底失控，在QQ空间发布了针对英语课授课教师的辱骂性言论。这一行为迅速引起了授课教师的注意，并将情况

反馈至学生处。

因此，此次谈心谈话旨在深入了解她的心理困扰，帮助她调整心态，缓解压力，重拾对生活的信心和希望。通过科学的心理辅导和真诚的谈心谈话，希望能够引导她走出阴霾，迎接美好的未来。

二、谈心谈话过程

此次谈心谈话，辅导员主动找到了彤彤进行沟通，整个沟通过程循序渐进，分阶段深入，旨在全面了解彤彤的心理状况，并为她提供最切实的支持和帮助。

第一阶段：初步接触，建立信任。

在一个安静的午后，辅导员主动邀请彤彤来到办公室，希望与她进行面对面的交流。初次见面，彤彤显得有些拘谨和不安，眼神中透露出迷茫与防备。辅导员深知，在这样的情境下，建立信任至关重要。于是，他用平和的语气和友好的态度向彤彤表示关心和理解，试图逐步打破她内心的防线。

> "彤彤，我知道你最近遇到了一些困难，别担心，我们一起来面对。你可以先和我说说，最近有什么事情让你感到特别烦恼或者不安吗？"辅导员温柔地问道。
>
> 彤彤低头沉默了一会儿，似乎在整理思绪，然后缓缓地开口："老师，其实我最近压力很大，英语学习上遇到了很多困难，感觉自己怎么努力都赶不上其他同学。而且，家里的情况也让我很担心，妈妈一直在生病，我不知道该怎么办才好。"
>
> 听着彤彤的倾诉，辅导员感受到了她内心的焦虑和无助。这时，他轻轻拍了拍彤彤的肩膀，用坚定的眼神看着她，告诉她："彤彤，你能主动来找我倾诉，这说明你很有勇气。我相信，我们一起努力，一定能够找到解决问题的方法。"

在这一阶段，辅导员首先通过温柔的话语和友善的态度，营造了一个安全、舒适的谈话环境，这是建立信任的关键。然后，辅导员通过倾听和

共情,表达了对彤彤的理解和支持,这有助于彤彤释放内心的压力和焦虑。此外,辅导员的坚定眼神和话语也给了彤彤信心和勇气,让她相信自己能够克服困难。

第二阶段:深入了解,分析根源。

在建立了基本的信任关系后,辅导员开始更深入地了解彤彤的情况,试图找到她心理问题的根源。他耐心地询问彤彤在英语学习上的具体困难,以及家庭对她的影响,试图找到她心理问题的根源。

> "彤彤,你可以详细和我说说,你在英语学习上遇到了哪些具体的困难吗?还有,你觉得家里的情况对你的学习有哪些影响呢?"辅导员进一步询问。

彤彤开始详细地描述她在英语学习上的困境,以及家庭对她的影响。她告诉辅导员,她的英语基础薄弱,上课经常听不懂老师讲的内容,课后复习也很吃力。每次看到英语课本,都感到头痛不已。同时,家里的经济压力让她感到很焦虑,她担心自己无法承担未来的责任,更害怕母亲会因为她的不努力而失望。

辅导员在倾听的过程中,运用共情技巧,试图理解彤彤的感受,并给予她积极的反馈和支持。

> 辅导员劝慰道:"彤彤,你能够意识到自己的问题,并且愿意努力改变,这本身就是一种进步。家庭的情况虽然艰难,但你可以把它转化为前进的动力。而且你的艺术天赋是很多人无法比拟的,这是你的一大优势。"

同时,辅导员也向彤彤传授了一些有效的学习方法和压力管理技巧,试图帮助她缓解压力,提高学习效率。

> 辅导员告诉彤彤:"学习要讲究方法,不能盲目努力。你可以尝试制订一个学习计划,合理分配时间,逐步提高学习效率。你还可以通过运动、听音乐等方式来缓解压力。"

在这一阶段，辅导员通过深入询问和倾听，进一步了解了彤彤的心理问题和根源。他的共情和反馈，让彤彤感受到了被理解和支持，这有助于她释放内心的负面情绪。同时，辅导员提供的学习方法和压力管理技巧，也为彤彤提供了实际的帮助和指导。这些都有助于彤彤增强自我认知和自我调节能力，从而更好地应对困难。

第三阶段：制订计划，提供支持。

在了解了彤彤的情况后，辅导员开始与她一起制订解决方案，试图帮助她走出困境。

> 辅导员告诉彤彤："彤彤，我觉得你现在需要做的第一件事就是调整心态，相信自己有能力克服困难。同时，我们可以一起制订一个学习计划，帮助你提高英语成绩。另外，我也会尽我所能为你提供支持和帮助，包括帮你申请助学金、联系心理咨询中心等。"
>
> 彤彤听了以后，显得有些激动："老师，真的吗？您真的愿意帮我吗？我太感谢您了！"
>
> 辅导员微笑着点头，告诉她："彤彤，别担心，我们一起努力，一定会帮助你走出困境的。"

在接下来的谈话中，辅导员与彤彤一起制订了详细的学习计划。同时，为她预约了学校心理中心的专业咨询师进行进一步的沟通交流，帮助她更好地处理情绪问题。此外，辅导员还积极联系学校相关部门，为彤彤申请了助学金，以减轻家庭的经济压力。

在这一阶段，辅导员通过制订计划和提供支持，为彤彤提供了具体的行动方案。他的鼓励和肯定，让彤彤感受到了希望和力量。同时，他们一起制订的学习计划和支持措施，也为彤彤提供了明确的方向和动力。这些都有助于彤彤恢复信心，积极面对困难。

第四阶段：持续关注，跟踪反馈。

谈心谈话结束后，辅导员并没有就此放弃对彤彤的关注和支持。他定期与彤彤联系，了解她的学习情况和心理状态，并给予她必要的指导和帮助。同时，他定期与彤彤的班导师、班级、寝室同学和主要学生干部沟通，让他们留心、关注彤彤的情况，及时向辅导员反馈。

经过一段时间的努力,彤彤的学习成绩有了显著的提高,心理状态也得到了明显的改善。她开始积极参与班级活动,与同学的关系也变得更加融洽。

在这一阶段,辅导员通过持续关注和跟踪反馈,确保了彤彤的心理健康和学习进步。他的关心和帮助,让彤彤感受到了被重视和关心。同时,他也通过与彤彤周围人的沟通,形成了有力的支持网络,为彤彤提供了全方位的帮助和支持。这些都有助于彤彤更好地适应学习和生活,实现自我成长和发展。

三、工作成效

经过此次谈心谈话和后续的支持与帮助,彤彤的学习成绩有了显著的提高,心理状态也得到了明显的改善。她不仅在英语学科取得了进步,其他科目的成绩也有所提升,整体学习积极性和自信心显著增强。更为重要的是,她逐渐走出了家庭贫困和学业压力的阴影,开始积极参与班级和学校的各项活动,与同学和老师的关系也变得更加融洽。彤彤重新找回了对生活的信心和希望,她的笑容和活力再次回到了校园生活中。

同时,通过此次谈心谈话,辅导员也与彤彤建立了良好的师生关系,不仅在学业上给予她指导和帮助,还在生活上关心她的成长和发展。彤彤也时常主动与辅导员沟通,分享她的喜怒哀乐,辅导员成为了她可以信赖的倾诉对象和人生导师。这种良好的师生关系不仅有助于彤彤的健康成长,也为辅导员今后开展工作提供了宝贵的经验和启示。

四、感悟启示

1.深入了解学生情况,制订个性化方案

每名学生都是独特的个体,他们的心理问题和困难各不相同。因此,在谈心谈话过程中,辅导员需要深入了解学生的情况(家庭背景、学习情况、心理状态等)。只有全面了解学生的情况,才能制订出符合学生需求的个性化解决方案。

2.建立信任关系，营造良好氛围

谈心谈话需要建立在信任的基础上，只有当学生真正信任辅导员时，他们才会愿意向辅导员敞开心扉，分享他们的烦恼和困惑。因此，在谈心谈话过程中，辅导员需要用平和的语气、友好的态度向学生表示关心和理解，可以通过倾听、共情、鼓励等方式来与学生建立信任关系，营造良好的谈话氛围。

3.运用专业技巧，提高谈话效果

谈心谈话是一项需要专业技能的工作，辅导员需要掌握一些有效的沟通技巧和心理咨询技巧，以帮助辅导员更好地了解学生，引导学生走出困境。例如，可以运用倾听来了解学生的真实想法和需求；运用共情来感受学生的情绪和心理状态；运用引导方式来帮助学生找到解决问题的途径和方法。同时，需要注意谈话的语气、节奏和方式，以确保谈话的效果和质量。

4.持续关注与支持，促进长期发展

谈心谈话并不是一次性的工作，而是需要持续关注和支持的过程。辅导员需要定期与学生联系，了解他们的学习情况和心理状态，并给予必要的指导和帮助。同时，需要与学生家长、班导师等保持沟通联系，共同关注学生的成长和发展。只有这样，才能确保谈心谈话的效果得到持续发挥，促进学生的长期发展。

案例七：前行"无望"，不如停下歇一歇——关于心理问题的谈心谈话案例

一、案例背景

小华，男，18岁，大学本科一年级，无宗教信仰，来自北方县城，独生子，从小和父亲、母亲一起生活。自大学入学以来，小华经历了从军训期间的疲惫感，到逐渐感到早晨起床压力巨大，进而发展为焦虑、厌学等

症状。在正式上课后，他发现自己无法集中精力听课，尽管在军训期间主动通过老师、学长了解学校的学业和科研活动，并提前制订了大学学业规划和科研计划，但实际操作起来却感到力不从心。军训结束后，小华开始上课便感到极度焦虑，面对自己之前制订的计划，他感到无法实现，从而对自己产生了失望情绪。尽管他试图降低对自己的要求，但仍无法摆脱内心的愧疚感。在学习上，他始终无法进入学习状态，一想到上课和完成作业便感到绝望。小华对自身的这种状态感到困惑，入学两个月以来，他一直在考虑是否复读。然而，每次与母亲讨论复读事宜，母亲都会情绪激动。面对未来的道路，小华感到纠结、无望，内心充满无力感，却又无法采取任何行动。

谈心谈话目的是帮助小华找寻出现问题的原因，帮助他减轻无力感和愧疚感，从而早些回到正常学习中。

二、谈话过程

辅导员在课堂走访时发现，小华经常坐在最后一排，上课状态也不好，几乎不听课，并且小华在QQ上问询有关退学的流程，于是辅导员主动找到小华进行谈话，以下是辅导员和小华的三次谈话情况。

第一次谈话：10月17日，辅导员主动问询小近期的状况。小华反映，自8月26日开始参加军训以来，他的情绪一直不佳，每天早晨醒来都感到情绪低沉，缺乏做事的动力。军训结束之后，他的状态并未有所改善，学习状态不佳，课堂上无法集中注意力听讲，课后也缺乏学习的兴趣，每天只想回宿舍躺着。他对任何课程都提不起来兴趣。此前，小华曾被选拔到学校的机器人团队，机会非常好，经过了解后，他感到压力过大，就主动退出了团队。小华表示自己难以适应大学的生活节奏，自述高中老师和家长常告诉他，上大学后会轻松许多，实际上，大学的课程难度较大，还有众多科研竞赛活动需要参与，这与他的预期相差甚远，让他感到非常辛苦和压力重重。每当想到这些，他便感到心烦意乱，无法专注于课堂学习，课后也不愿进行复习。

辅导员从适应性角度为小华提供了一些建议，建议小华每日为自己制订50分钟的学习计划，从简单的学习计划开始尝试，并且发展一项自己的兴趣爱好，可以是之前的爱好，也可以是新培养的爱好，按照这个计划先保持一个星期,一个星期之后再看情况,小华表示自己可以尝试。

同时,辅导员根据小华的自述,了解到该生有连续一个半月情绪低落、失眠以及体重减轻的情况,但无轻生等极端念头,建议该生到学校心理中心做心理咨询、心理测评,该生犹豫说再看看。

此次谈心谈话当天晚上,小华在QQ上主动联系辅导员,发送了大段文字,表达了自己的困扰。他表示,自己在学习过程中无法持续集中注意力超过50分钟,因此产生了退学并重新参加高考的念头。然而,他的这一想法并未得到家长的支持,这使他感到非常苦恼。目前,他难以专注于课堂学习,夜晚也难以安眠。小华的内心很矛盾。一方面,他渴望复读;另一方面,又认为应该自我调整,摒弃幼稚的想法,继续在本校求学,不再考虑复读。这两种念头使他备受煎熬,上课时虽有意倾听,却连5分钟都难以坚持,听课效果不佳。课下做作业时,他容易分心,又开始纠结是否复读。在最近半个月的时间里,他几乎放弃了听课,生活状态陷入了混沌。

辅导员建议小华到心理中心或者医院心理科进行测评,看看测评情况再定,他现在出现的难以集中注意力、入睡困难等症状,可能是由适应性问题导致的一些心理问题所引发,进行诊断和咨询也许是帮助他高效解决问题的好办法,小华接受了该建议。

第二次谈话:10月25日,小华提前和辅导员约定好,进行第二次谈心谈话。他拿来医院心理科的诊断,结果是轻度抑郁,医生建议采用药物治疗,但是小华不想接受。他自述之前高中出现过类似情况,做过心理测评,当时也是这个结果,但是由于成绩很快有所提升,精神状态也就好了,所以没有进行过治疗或者咨询。他认为自己这次也可以等待时间的流逝自行好转。

辅导员让小华将现在的环境、面临的问题与高中做比较。小华发现,现在的环境和高中是不一样的,没有家长支持,课程完全陌生,已经过去两月了,他的状态没有任何好转,反而加重了,高中时这种状态只持续了两个星期。上课两个月以来,小华什么都没有听进去,虽然人在课堂上,但都在做其他的事情,和同学的交往也提不起兴趣,班级的活动都不想参加,经常想家。

辅导员根据小华的情况,在征得本人同意后,决定和家长打电话进行沟通,将小华目前的心理状况和学习状态向家长进行传达,家长开始仅认

为这是小华不认真学习的借口,以及他想复读的借口,家长不同意他复读是因为目前的学校比较符合预期,只不过他目前遇到了挫折,没有勇气接受,所以采取了消极抵制策略。

辅导员向家长解释了抑郁症对人的行为、情绪状态、学习生活的影响,说明小华现在的状态不是故意消极对抗,他确实尽力了,但是调整不过来,并且医院的诊断是客观的、说明问题的,建议家长听听孩子自己的想法。如果让小华以这种状态一直在学校,有可能因为小华挂科太多而被强制退学,导致浪费几年时间,建议还是快速找到途径让小华调整状态,找寻能激励他开始学习的方法。家长同意考虑小华的诉求,并且决定了解抑郁症的危害和治疗方法。但是小华还是想等高考报名系统关闭之后再做打算,没有退路之后,看看能不能自行好转。

第三次谈话:11月1日,学生小华主动与辅导员取得联系。他表示,由于高考报名系统已经关闭,他已无法再选择复读,目前没有任何替代方案。尽管如此,他仍然缺乏学习的动力和进步,近期的一次心理健康开卷考试仅勉强及格。他每日深感后悔,之前不够努力,现在没有学习的意愿,每天都生活在愧疚和焦虑之中。然而,小华最近开设了一个关于"三国杀"卡牌的公众号并开始运营,这在一定程度上缓解了他的压力。每当运营公众号时,他都能感受到难得的愉悦,可一旦文章撰写完毕,面对学习时,他又感到失落。目前,他在课堂上无法提起学习的兴趣,虽然坐在教室,却无法专心听讲,课后只想休息或忙于自己关于"三国杀"卡牌的公众号运营。鉴于这种情况,小华考虑休学一年,以调整自己的状态,并计划在家庭所在地的心理医院接受治疗。他打算在状态好转后再返回学校继续学业,但他担心家长不会同意。辅导员尊重小华的意愿,并通过腾讯会议与小华及其家长进行了一次线上交流。在会议中,小华向家长表达了自己的想法,辅导员则详细介绍了小华当前的情况以及学校关于不及格降级、退学的相关政策。值得庆幸的是,家长在上次沟通后,通过查阅相关资料,开始理解小华的困境。据家长透露,他们的亲属也有过类似问题,并在接受治疗后状况有所改善。因此,家长最终同意了小华的休学请求。

三、工作成效

经过此次谈话后，小华正式提出了因病休学的申请。在办完所有休学手续后，小华感到极大的轻松，仿佛瞬间卸下了重负。在回家的当天，小华向辅导员赠送了一张小卡片，上面写满了感激之情和美好的祝愿。在休学的半年多时间里，辅导员与小华保持了频繁的联系。了解到小华回到家乡后，在当地的心理医院接受了治疗，并在家长的陪伴下感到非常幸福。在这期间，小华自行提前学习了大一的课程内容，并发现高等数学并没有他想象中的那么困难，这让他对复学充满了期待。

如今，小华已经重返校园，并且主动提出与新生同住，积极融入新的班级集体。他的学习态度积极，不再出现之前上课无法集中注意力、课后不愿学习的状况。总体来说，小华的情绪状态保持良好，睡眠质量得到了显著改善。此外，他将继续运营自己的有关"三国杀"的公众号，并与本校一名同乡建立了深厚的友谊，他们经常一起学习，共同进步。

四、经验启示

在学生成长过程中，要结合学生具体情况进行教育引导，不要一味地"打鸡血"式教育。每名学生都有独特的个性、能力和发展节奏，"打鸡血"式教育可能在短期内激发学生的动力，但长期来看可能会让学生感到疲惫不堪，甚至产生抵触情绪。特别是针对可能有心理问题的学生，要帮助学生了解自身情况，是否有其他原因导致他们学习状态不佳，帮他们认清无力感有可能是心理问题带给他们的，减少他们的愧疚和自责。就像小华，当前行"无望"时，停下歇一歇是一种明智之举。停下可以让学生有时间解决的心理问题，调整心态，重新审视自己的能力，而不是陷在悲伤的情绪中自怨自艾。同时，停下也是为了更好地出发，在休息的过程中，学生可以积蓄能量，以更饱满的状态投入到后续的学习和成长中。

教育者应该关注学生的需求和感受，根据学生的具体情况制订个性化的教育方案。在学生遇到困难时，给予理解和支持，引导他们找到解决问题的方法，而不是一味地施加压力。只有这样，才能真正促进学生的健康成长。

案例八：网海迷途，重归正轨——关于大学生沉迷网络问题的谈心谈话案例

一、案例背景

小清，男，大一学生，家境普通。进入大学后，小清逐渐沉迷于网络游戏，经常通宵达旦打游戏，导致上课迟到、缺席，学业成绩急剧下降，已经有多门课程挂科。辅导员从小清的舍友和授课教师处得知，小清基本不上课，生活作息紊乱，主要时间都花在网络游戏上，社交也变得越来越少，甚至与家人沟通也减少。辅导员在日常管理和学业监测中注意到了小清的异常情况，决定与其进行一次深入的谈心谈话，旨在帮助小清摆脱网络沉迷，重拾学习热情。

本次谈心谈话的目的是通过深入了解小清的内心世界，分析其沉迷网络的原因，引导其认识到沉迷网络的危害，并制订切实可行的改变计划，最终帮助小清走出网络困境，回归正常的学习生活。

二、谈心谈话过程

第一阶段：初步了解问题，建立信任。

对于像小清这样沉迷游戏的学生，直接批评或提出严肃话题往往会导致他们产生抵触情绪。因此，辅导员不直接谈及小清的学习问题，而是从游戏话题切入，试图找到共同语言。

> 辅导员：小清，最近怎么样？我听说你在打游戏方面挺厉害的，最近有什么有趣的游戏可以推荐吗？
>
> 小清：（有些犹豫，但还是回应了）唉，老师，游戏确实挺好玩的，不过现实生活不是很顺利，成绩也掉得厉害，家里也有点烦我。
>
> 辅导员：（敏锐地察觉到小清的无奈与困惑，继续以平和的语气开导他）大学里，大家都会有调整期的。我也听说你最近成绩有点下滑，

> 你自己感觉呢？你是不是也发现有些方面出问题了？
>
> 小清：是啊，感觉学不进去，总是想玩游戏，结果一不小心就玩太久了，甚至通宵。想改，但是自己停不下来。

通过这一阶段的谈话，辅导员成功与小清建立了初步信任。通过轻松的话题切入，辅导员让小清放松了警惕，使其开始愿意谈及自己沉迷于游戏的现状。这个阶段，辅导员意识到，小清并不是完全对自己的问题无知，而是处在意识到问题但缺乏实际行动和动力的困境之中。辅导员明白，接下来的谈话应深入到小清对学习兴趣和生活动力的根源探索，并逐步引导他思考改变的可能性。

第二阶段：深入剖析问题，鼓励表达。

辅导员观察到小清的状态，猜测他沉迷网络游戏可能与大学生活节奏的变化和自我管理的失衡有关。为了进一步了解原因，辅导员通过提问，引导小清反思为何难以控制自己。

> 辅导员：你有没有想过，为什么会停不下来？你高中时成绩不错，为什么到了大学就感觉提不起来劲了呢？
>
> 小清：（叹了口气，语气中带着无奈）高中时压力大，家长和老师都盯得紧。上了大学，觉得终于能放松了，没人管我，就开始放纵自己。刚开始偶尔打打游戏，后来就停不下来了。现在打游戏比学习更让我开心，越打越上瘾。
>
> 辅导员：（点头表示理解）这种情况挺常见的，很多同学高中压力大，大学后放松过度。你有没有感受到这对生活和学习的影响？
>
> 小清：（低下头，沉默片刻）有影响。作息很乱，白天困，晚上不睡，成绩越来越差。挂科多了，我就更不想学，只有打游戏才能让我不去想这些挂科，才会不心烦，所以停不下来。

通过这一阶段的深入交流，辅导员逐渐了解到小清沉迷网络游戏的深层原因。同时，辅导员注意到小清其实很清楚打游戏对学业和生活的负面影响，他的无奈和逃避更多来源于对学习动力的丧失和对现实压力的恐惧。接下来，辅导员的工作重点是如何帮助小清重拾信心，使其通过实际

行动逐步走出困境。

第三阶段：提出具体行动建议，设定阶段性目标。

辅导员意识到，仅帮助小清认识到问题是不够的，小清还需要具体的行动计划和外部支持来摆脱网瘾。于是，辅导员为小清提供了实际的建议，并帮助他设定合理的阶段性目标。

> 辅导员：你现在的状态是可以改变的，只要你愿意开始行动。我们可以先从小目标开始，比如每天减少打游戏时间，先定一个时间限制，慢慢减少。你觉得可行吗？
>
> 小清：我之前也试过，但总是控制不住，想着再玩一会儿，最后还是超时了。
>
> 辅导员：（理解小清的困难，继续鼓励他尝试外部支持的方式）单靠自己控制确实很难。不如让朋友或室友监督你，给自己一些外部约束。同时，你可以尝试用运动来替代游戏，比如我们学院有很多运动队，你喜欢哪个我可以推荐你过去一起玩儿。上学期我听说你喜欢打篮球，现在有没有想法再试试？
>
> 小清：篮球我以前挺喜欢的，但现在提不起兴趣。不过我可以先试着每天少玩点游戏，控制一下时间。

辅导员提出一些阶段性建议，帮助小清看到逐步减少游戏时间的现实路径。小清没有抗拒这些建议，这表明他内心已经开始接受改变的可能性，也意识到解决问题除了依赖意志力，也可以通过合理规划和外部支持来改变现状。接下来，辅导员的工作重点是如何通过后续的跟进和鼓励，帮助小清巩固这些改变。

第四阶段：积极引导，提升自信心。

辅导员进一步激励小清，帮助他重新树立对学习和生活的信心。通过观察，辅导员意识到，小清的问题不仅是沉迷游戏，更是他对自己失去了信心，觉得无法回到正轨。因此，辅导员通过肯定和鼓励的方式，帮助小清相信他有能力通过逐步调整恢复正常生活。

> 辅导员：你能意识到问题并愿意改变，这已经是一个很大的进步

> 了。不要给自己太大压力，慢慢来。你成绩下滑并不是因为你不聪明，而是因为你把时间和精力放错了地方。我相信，只要你调整好状态，成绩一定会提升的。
>
> 小清：（听到辅导员的鼓励后，小清的神情开始变得稍微轻松，之前低垂的头也逐渐抬了起来，眼神中流露出一丝希望）嗯，老师，我也想好好学，不想一直这么下去。等我稍微调整过来，我再去您说的学院篮球队，不然以我现在的状态，去了也是拖后腿。

在这一阶段，辅导员通过积极地引导和鼓励，帮助小清逐步恢复了自信。通过对小清的肯定，辅导员帮助他认识到自己的潜力并未消失，只是因为游戏的影响暂时被压制。小清开始主动接受行动计划，并预设了改变后的活动状态，表现出愿意付诸实践的态度。这不仅是他摆脱网瘾的开始，也标志着他重新找回了对自己生活的掌控权。

三、工作成效

在辅导员的持续关注和跟进下，小清按照设定的行动计划减少了打游戏时间。他开始重视外部监督的作用，与室友约定互相监督打游戏时长。同时，每月参与学院篮球队的主题团训。通过运动，小清不仅重新找回了对篮球的热爱，还在篮球运动中恢复了与同学之间的联系，改善了之前疏远的人际关系。一个月后，小清的作息明显改善，逐渐摆脱了熬夜打游戏的习惯。由于时间管理变得更加有效，他的学习状态也有所回升。在期末考试中，小清通过了所有重修课程，本学期的成绩也有所提高。同时，小清与家人和朋友的关系也逐渐恢复，原本因游戏沉迷而疏远的沟通重新回到正轨。他的生活开始恢复平衡，逐步找回了对未来的信心与方向。

这一系列的积极变化表明，通过合理的引导、外部支持和循序渐进的目标设定，小清成功摆脱了游戏的困扰，重回正轨，展现了他自身的潜力和能力。

四、感悟启示

1.循序渐进,分阶段引导

面对沉迷网游的学生,辅导员的首要任务是通过循序渐进的方式逐步引导,避免一开始就提出过高的要求或目标。设定一些小而可行的目标,可以让学生在逐步调整的过程中感受到成就感和控制感,从而增强自律性。小目标的实现为进一步的改变打下了良好的基础,也帮助学生看到了改变的可能性。

2.情感支持与实际行动并重

除了制订具体的行动计划,辅导员的情感支持同样至关重要。学生往往在沉迷游戏的同时,伴随着心理压力和负面情绪。因此,辅导员在帮助他们回归正常生活时,必须给予情感上的关怀和理解。通过情感支持与行动计划相结合,辅导员能够让学生感受到被理解和支持,进而增强改变的动力。同时,借助外部约束与替代活动,逐步取代对游戏的过度依赖,帮助学生重塑健康的生活习惯。

3.积极正向引导,重塑自信

学生在沉迷游戏的过程中,常常伴随着自信心的丧失。因此,辅导员需要通过积极正向的引导,帮助学生重拾对自己能力的信心。在循序渐进设定目标的同时,辅导员要不断给予鼓励,使学生意识到自身潜力和改变的可能性。通过提升自信,学生能够逐渐树立明确的生活与学习目标,最终恢复自律与积极的生活状态。

案例九：科学引导——关于学生升学指导的谈心谈话案例

一、案例背景

小明，材料科学与工程（中外合作办学）专业大二学生，将在大四学年赴法国学习，家庭条件良好。小明的学业成绩处于中等水平，曾有1年学生组织工作经历，各方面表现并不突出，属于容易被忽略的学生。一直以来，他对自己的未来规划并不十分清晰。他曾对考研、保研以及出国留学这几种升学方式有所了解，但一直未能做出决定。看着同学都在忙忙碌碌做准备，他有些着急但又无从下手，有些迷茫。在一次升学经验分享会后，小明向辅导员表达了升学意愿，希望能够进一步了解相关的选择和准备工作。

此次谈心谈话的主要目的是帮助小明明确自己的升学方向，并提供关于升学规划的指导和建议，以便他能够做出更合适的决策，并为未来做好准备。

二、谈心谈话过程

> 辅导员：小明，你好！很高兴你愿意来找我，有什么困惑吗？
>
> 小明：老师，是这样的，现在是大二下学期了，也该考虑升学规划的事了，但是我对保研、考研、出国留学、工作方向这些都不是很了解。昨天听了几名学长升学和工作的经验分享，但是不知道该怎么选择，我想听听您的建议。
>
> 辅导员：即将进入大三，确实应该明确未来的规划了，提前做好准备，你家人和你对此有什么想法吗？
>
> 小明：家里一直让我读研，我也想继续深造，家里经济条件还可以，就是不知道选择什么方向。

通过此段谈话，辅导员可以了解到学生有明确的升学意向，但学生和家长对于升学途径了解过少，尚没有行动上的升学准备。

> 辅导员：根据你的描述，你们更倾向于升学，中法班近三年升学率在80%以上。我也理解你的困惑，我们可以详细讨论一下这几种升学方式的优缺点，帮助你做出决定。首先，我们来聊聊考研，考研是通过参加统一考试获得研究生入学资格的一种方式，材料专业初试要考数学、英语、政治及专业课，通常需要提前一年开始复习准备，复习周期长，笔试时间一般在每年12月份，中外合作办学专业的同学此时正在国外学习，时间上并不适合，如果毕业后考研就多用一年时间，并且近年来考研压力逐年增加。其次，是保研。我们专业获取学校推荐免试攻读研究生资格的方式主要有学业保研、工程硕博和创新创业特长三种途径，学业保研、工程硕博通常在学习成绩方面要求排在专业前30%，依据推免工作方案进行考核，2024年，中法班有13人学业保研，4人工程硕博保研。创新创业特长推免要求成绩在专业前50%，并且五星级竞赛国家级一等奖以上具有面试资格，近几年，每年都有2~3人通过创新创业特长推免。
>
> 小明：老师，我感觉考研相对浪费时间，保研这三种方式对我来说都很难，虽然我会努力争取但感觉压力很大。
>
> 辅导员：确实，保研需要持续发力，久久为功，但如果你对国内推免有强烈兴趣，努力准备也是值得的。接下来，我们再谈谈出国留学。出国留学是另一种选择，对于我们中法班的同学来讲，这也是一个很好的选择。我们的同学具有国外学习经历和更好的外语基础，每年选择国外升学的学生有50名左右，其中，能申请到QS前一百的学校的学生有40%左右。
>
> 小明：对，我之前也了解到很多学长学姐都选择了在国外读研。这需要做哪些准备呢？

为学生对比几种升学方式后，学生对出国留学表现出浓厚的兴趣。考虑到学生家庭经济条件良好，对学生升学深造是支持态度，可以对学生在出国留学方面做详细指导。

辅导员：留学申请的准备确实需要规划。首先，你需要了解目标国家和学校的申请要求，包括语言考试成绩和申请截止日期，如果申请留学的目标国家，语言是英语，那么你需要在大三、大四上学期完成雅思考试。其次，个人陈述是申请中非常重要的一部分，你需要清晰地展示你的学术背景（素养）、个人学习经历、成绩单和未来目标。再次，还需要推荐信，可以邀请了解你学术能力的教授或班导师来为你写。最后，实习实践经历是非常重要的。此外，财务预算也是需要考虑的方面，你可以考虑申请奖学金或者助学金来减轻经济负担。

小明：我大概了解了。但是我之前学习基础并不是很好，也没有很丰富的个人经历，在准备时会不会很难啊？

辅导员：在接下来这一年你可以针对个人短板去锻炼提升，比如认真学习提高学习成绩，跟随老师做科研课题提升科研能力，也可以找一些实习单位工作增加实习经历。如果你决定申请出国留学，接下来可以分为几个阶段。首先，确定好你要留学的国家，准备语言考试，建议你制订一个详细的学习计划并参加模拟考试以提高成绩。其次，在这个国家中，依据我们专业的学校排名，选择能力匹配的几个学校去提交申请。最后，撰写个人陈述和申请材料，这部分需要突出你的个人特点和学术能力。

针对学生情况做具体的提升计划，为学生厘清思路，明确目标任务，并督促落实行动，提高效率。

小明：我明白了，我会尽快开始准备这些工作。关于学校选择和语言考试，我还有一些问题，可以请教一下经验丰富的学长吗？

辅导员：当然可以，我可以给你推荐两名有经验的学长，他们会很愿意指导你做报考准备。此外，你还可以参加一些留学相关的讲座和咨询会，获取更多的信息。相信以你的外语基础，准备起来一定没问题的！

小明：谢谢老师，我现在明确了，等我的好消息！

三、工作成效

通过本次谈心谈话,小明对未来的升学方向有了更加清晰的认识。通过详细了解考研、保研和出国留学的特点和要求,他最终对出国留学表现出浓厚的兴趣。谈话过程中,小明得到了关于出国留学申请的具体指导(包括语言考试准备、个人陈述撰写、推荐信选择和财务预算等方面),并制订了后续的工作计划,提升了他的行动力。整体来看,谈心谈话有效解决了小明的困惑,并为他的留学申请奠定了基础。

四、感悟启示

1. 了解学生需求

辅导员在谈心谈话开始时,充分了解学生的现状和需求是关键。通过提出有针对性的问题,了解学生的困惑和兴趣,能够更有效地为其提供帮助。

2. 详细对比选择

对于升学途径的详细介绍能帮助学生全面了解不同选择的优缺点,从而使学生作出更符合自身情况的决策。

3. 制订具体计划

制订详细的行动计划可以帮助学生厘清思路,明确任务和时间节点,提高准备工作的效率。

4. 提供资源支持

鼓励学生利用学校资源(如留学讲座、学长等),获取更多实际经验和建议,这对于学生的留学准备工作非常有帮助。

5. 关注心理支持

在谈心谈话过程中,关注学生的心理状态,提供适当的鼓励和支持,能够帮助学生减轻压力，增强自信心。

案例十：拒绝45度微躺，拥抱平凡中闪光——关于职业选择和就业发展问题的谈心谈话案例

一、案例背景

小光，本科三年级学生，"00后"，土木工程专业，来自普通县城职工家庭。在校期间学习努力，成绩稳定，性格温和内向。用他自己的话讲，"自己是一个成绩一般、能力一般、家境一般、性格一般，普通得不能再普通的人"。近期，班长向辅导员反映，小光最近情绪很低落，上课和参加班级活动的积极性不高。得知情况后，辅导员先侧面向寝室长了解情况，得知在前不久公布了上学年绩点后，小光沉默了很长一段时间。偶尔室友间聊天，曾听小光说"卷又卷不赢，躺又躺不平""干啥啥不行，放弃总行吧"之类的话。

辅导员经与小光本人沟通了解到，小光近期压力很大，特别是大三开学后，发现身边同学都忙了起来，每个人都有自己明确的发展方向。相比之下，小光觉得自己在原地踏步，一时间又找不到出路。听闻以前一名优秀的学长谈到毕业后成功入职某地产公司，但近期无奈离职，再就业也遇到很大阻力。现在很多单位在招聘时，有计划但不招人，每条出路都很难。这让原本想求职就业的小光陷入更深的迷茫。

本次谈心谈话的目的：一是要初步帮助小光缓解当前焦虑情绪、重新建立自信；二是适时地引导小光正确认识自己、客观看待困难，尽快调整好心态，全身心投入当下的学习和生活；三是帮助小光明确内心深层诉求，结合他的主观意愿和具体情况，给出开放式建议或参考性意见；四是创造契机、鼓励他行动，通过实习实践、专业咨询等途径，提升社会认知和社会化能力，逐步形成既积极自洽又理性平实的择业观就业观。

二、谈心谈话过程

综合考虑小光的情况，初步判断属于职业发展方面的低敏感问题。小

光性格温和内向，不善表达求助，辅导员决定主动约见学生。很多时候，辅导员对学生的"看见"，本身就能传递出"尊重的信号"和"认可的能量"，让学生感到"被关注""被关心"。每个人都希望能在社会生活和人际关系中找到存在感，特别在两种特殊情境下（一个是需要分享时，二是需要帮助时）希望自己"被看见"。

> 辅导员：小光，我们聊聊吧。虽然平时和你交流不算多，但从入学至今，我一直都在关注你。你性子沉稳低调，不张扬，也不怎么爱说话，但却是个心里有数、做事靠谱的人。记得上次你们班同学打球受伤，就是你帮我一起送他去的医院，楼上楼下的手续，都是你跑下来的。
>
> 小光：真的吗，老师？您居然一直关注我。那么一点儿小事，没想到您还会记着。不过被您"盯上"，我有点紧张，我可没犯什么错误，一直都很遵守纪律的。
>
> 辅导员：哈哈哈，小光同学这么害怕犯错吗？我特别想问你一个问题，按照你一如既往的听话懂事，你对现在的生活，是否感到满意、安心呢？是否有对未来的憧憬？

听到辅导员这么问，小光怔住了片刻，眼中除了错愕，还有些许委屈和困惑。辅导员的表达方式很重要，用小光自身的状态和处境来描述他自己，比起直接提出问题，更有温度，更能感同身受，让学生觉得自己正在被理解。

> 小光：老师，不瞒您说，我最近的状态特别不好。就像您说的，从小到大我都很听话，父母说什么我就做什么，上学后老师说什么我就听什么，感觉自己从未有过叛逆期，也不敢有任何自己的想法。直到现在，我都觉得父母的安排、替我作出的决定都无比正确。我顺利地走到今天，事实证明了他们的安排很管用。
>
> 辅导员：听你说的似乎很轻松，但我却感到你并不是这么认为的，对吗？你有自己的想法，对吗？或者说即便不认同他们的意见，但因为自己没有主见，就不得不选择父母替你做出的选择。

> 小光：对啊，老师，就是这样。记得小学时，我特别喜欢体育，还被选入学校田径队，但父母认为会耽误学习，就直接联系老师给我取消了。中学时，我还喜欢写作，原本还想过当一名悬疑小说家，但父母觉得这是不务正业，最后也让我放弃了。后来，我就听父母的话，一心扑在学习上，还算是用功，高考成绩很好，考上了985工程院校。我父亲还说，要是早听他们的，也许我能考上更好的大学。虽然只有我自己心里清楚，这已经是我的极限了，但我也不想反驳。
>
> 辅导员：可如果真的是认同了、信服了，你就不会像现在这样无精打采、情绪消沉了，我说得对吗？其实很多时候，过来人的意见，没经历过的人是听不进去的。一个很关键的问题，希望你尽早能有所认识，人生的主动权应该掌握在自己手里。父母也好，老师也好，我们都仅仅是你人生的旁观者，顶多是重要参与者，真正的主角只有你自己。不用怀疑我们出于为你好的目的，却也不必为此妥协掉自己的心意。我们只是为你提供一些可供参考的经验，要过怎样的人生、怎样去过好一生，终究还要你自己作决定。而且，我很坚定地相信，你能做得很好！

征询、复述学生的意见，是心理咨询常用的方法，让辅导员退居旁观者身份，让学生掌握主导权，主动思考和解决自身问题，往往比灌输教导更加有效。此外，辅导员应该给满情绪价值，不夸张且坚定的认可，对于学生自信心的激励、养成，非常有效。

> 小光：老师，听您这么说，我挺激动的，您居然比我自己还要相信我。您说的这些道理，有时候我也会想，但我既没有这样的胆量，也没有想出比父母想的更好的想法。中学时，我在同学中就是个"小透明"，来到大学后，身边的同学更加优秀，我总是尽自己最大努力，但也只能是个最普通的"路人甲"。这个暑假回家时，父亲问我毕业后有什么打算，我也没说出什么。家人建议我回到县里工作。眼下没有更好的选择，在父母身边，也算是稳妥。
>
> 辅导员：你自己真实的想法是什么？客观地讲，如果你真的没有自己的想法，我倒是觉得你父母的建议是最优解。如果你有自己的打算，

> 只是没有勇气和方法支持你做决定,这个选择可能会成为你一生的遗憾。
>
> 小光:我不喜欢这样的安排啊,老师,我心里非常非常抵触,但心里总会提醒自己,父母的决定绝对是对的。而且我的想法很幼稚,我自己都觉得不现实,人总要面对现实的,不是吗?上大学这两年来,我觉得毫无目的,大家做什么我做什么,即便是学习,也是毕业的要求罢了。大三刚开学,我发现身边的同学一下子都忙起来了,推免的堆绩点、考研的刷卷子,考证的考证、实习的实习,我竟不知道大家都早早有准备,而我却在原地踏步。越想越觉得自己像个小丑,躺平算了,还是做个"小透明"的好,按照父母安排的路走就好了,总算有个去处。更何况现在的工作那么不好找,我还瞎折腾什么。
>
> 辅导员:我来复述一下你说的情况,你看看我理解的对吗?在你看到的现实中,父母的建议是更合理的,同学的状态是领先于你的,你希望有所改变,却找不到更好的办法,即便心有不甘,但与其挣扎,不如躺下。
>
> 小光:就是这样的,老师。每次想到这里,我是又焦虑又无奈。

此时,初步的情感共鸣已经产生,教师和学生站在了同样的立场、有着同样的感受。此时,是推进下一步(去解决实质问题)的最佳时机。抓住这样的时机很重要。若没有充分的共情,师生就始终站在对立面。

> 辅导员:如果我告诉你,你的想法可行性非常高,而且你可以解决眼前的难题,也有通往理想的路径,你愿意尝试吗?你敢去尝试吗?
>
> 小光:当然!老师。我一定会全力以赴的。也许我不是最优秀的,但从小到大,只要我认定的事情,我都会尽最大努力去实现他,只要我有机会。其实,我想当一名建筑师,虽然我的专业是父母帮我选的,但是,学了以后我还挺喜欢的。不过,我不知道建筑师具体要做什么,也许知道了,发现很卷,我又做不好。而且近期我也关注到,建筑行业特别不景气,很多大企业都在裁员,之前有我特别崇拜的学长,前段时间也离职转行了。他那么优秀都不行,我怎么可能做好呢。

辅导员：很好，小光，你的情况比我预想的要好很多。你有自己的想法、有做成事的决心，你还主动收集了信息，这些努力都是非常有意义的。我很开心，你不是真正认同躺平，只是心里还有不少调和不了的矛盾，似乎让你处于一种挣扎的状态，这让你感到焦虑。我不想给你那些说教意味十足的建议或大道理，我只想把我看到的现实和一些看法分享给你，你对比着看一看，也许对未来的计划会有新的答案。当然，这些仅供参考。

小光：太好了，老师，我很想听听，我很需要有人指点我一下，哪怕是推我一把。

辅导员：面对事情，我通常有个习惯。先处理情绪，再处理逻辑，最后严格执行。我想，在这三个方面，你也可以这样试试。第一步，要正视你的情绪和状态。其实，焦虑是个报警器，它是人体积极的防御机能。面对已知的风险时，我们表现出的是恐惧，而面对未知的风险时，我们就会焦虑。大时代下的个体焦虑，似乎困扰着每个年轻人，特别是你们这些即将走向社会的大学生。小光，你也好，老师也好，我们都曾经或正在经历这种焦虑。那么我们害怕的究竟是什么呢？其实是怕被社会否定和抛弃。正如你所说的，我们谁也不愿意做那个"小透明"，害怕跟社会的正常模式不一样。当你感到焦虑时，说明你已经隐约感到内心的某些东西出了问题。焦虑要求我们彻底检视自己，但我们最反感的就是改变自己，不是吗？就像你遵从父母、老师的安排，可以降低风险，又不用承担责任。一般情况下，焦虑会让我们作出三种反应：内卷、躺平和挣扎。习惯进攻的人会选择内卷，证明自己的强大；习惯放弃的人会选择躺平，证明责任不在自身；习惯顺从的人会选择挣扎，委屈而求全。事实上，这三种反应，都不能帮助我们摆脱焦虑。真正有效的是遵从自己的内心，坚定做出改变。

第二步，要刷新认知，拆掉思维墙。很多时候，我们都习惯沉浸在固有规则之中，这些规则可能普遍成功于某个时空或时代，成为多数人的样板。比如"好工作"的神话，曾以不同版本流行于很多国家，部分人群相信"好工作"神话是放之四海而皆准的法则。典型公式是：个人努力＝好好学习＝上好大学＝找好工作＝出人头地。父母的规劝、前辈的经验，往往与这套公式如出一辙。然而，视角放在当下，我们发现这套规则越来越不灵敏、越来越失去效力。无数"小镇做题家"难以适应"社会化过程"，越来越多的单位放弃眼高手低的"名校高才生"，有的清北生开始走向基层、返乡创业，有的企业偏爱录用家境贫困的孩子，觉得他们更务实、更能吃苦、更有奉献意识。经济换挡、科技革命、人口结构，好工作肉眼可见地变少了。小光，一切都在改变，正如父母给你的建议一样。过去的经验，还是留给过去吧，路还是得自己走。

第三步，就是要坚定心中意志，学着找事做。路要怎么走，我很认同一种说法，我们大可不必执着于找工作，而是要学着找事做。可能你会觉得惊讶，老师不应该劝我找工作吗？不是还有就业率吗？小光，老师也需要不断调整自己的观念，要对你们的处境感同身受，要随着形势的变化改变我们的思路。如果时间倒退10年、20年，或许我还是会动员你找工作、找好工作。通过这些年与学生打交道，去读书学习，去理解形势的变化，我才有了现在的想法。当年我通过努力争取到了一份辅导员的工作，现在的我希望用心去做好帮助学生这件事，这是我想做的、自我的事。这正是我想让你明白的，工作和做事的区别。我们暂时不考虑现代工作制度和伦理的约束，单凭用"时间兑换金钱"的劳动收入模式，就已经不能满足你们这一代年轻人对人生价值的衡量标准，同样也已经不是国家和教育对你们的唯一期望。我们希望现在的年轻人，能找到一个正确的方向，去做自己觉得有意义、有价值的事情。人总是要找事做的，谋生是基础，更为找到一种成就感、价值感、幸福感，找到与人交流的机会，找到在社会中存在的意义、人生的意义。你们应有属于你们这一代人的新的择业观，自由而多元，自信而松弛。不必怀疑这样的"任性"会得不到赞美，或者是没有得到传统意义上的肯定。相反，在一种可以自我认同、自我掌控、自我实现的"事情"中，你反而能创造更大的价值、作出更大的贡献。有时候，我们会觉得一个人无所事事、悠哉悠哉就很快乐，其实最愉悦的时候，往往是一个人为了某项艰巨的任务而辛苦付出，是把体力与智力都发挥到极致的时候。真正的快乐，是有所事事。被动的从事一份职业、干一份工作，可能体验到的只是劳累和无聊，结果是疲于奔命、摸鱼应付、消磨时光。主动地做一件事，才会让生活充满乐趣、动力无穷、享受奋斗。

小光：老师，我听明白了，我感觉自己豁然开朗，放下了思想包袱，原来我的想法是有意义的。能得到您的理解、肯定和支持，我突然觉得自己特别有动力去做好我想做的事，我要坚持下去，一定要当一名建筑师，证明给所有人看，我能行，我是对的。我这就回去好好想想，先做个规划，再去找到对我有帮助的事情做起来。当然，我也想找个机会，试着说服一下我的父母。对了，老师，如果真想做成这件事，您还有什么建议吗？

辅导员：非常好，小光，我对你很有信心。择业就业的事情，说起来还真不能只靠一腔热血就能解决的，需要好好谋划。今天我们聊了很多，最好的成果就是看到了原来那个元气满满的你。你先回去，认真想想今天我们交谈的内容，给大脑降降温。两周之后，我们再约一次，毕竟建筑师这个职业还比较宽泛，我可以先帮你推荐一个去设计院短期实习的机会，去真实体验一下职场生活。你也可以自己去学生指导服务中心，求助老师帮你做个专业的职业测试，也许能让你目标更加聚焦。毕竟适合做什么事、什么职业，需要的不止有兴趣，还有天赋和社会需求。

小光：好的，老师，非常感谢您与我分享这么多，更感谢您一直这么关心我。

辅导员：不必客气，能帮助到你我很开心，也会让我觉得自己的工作有意义，希望你一切顺利！

三、工作成效

经过本次谈话，学生的心态和整体状态都有明显好转，焦虑情绪得到较大程度缓解，日常生活和学习的积极性有显著提高。两周后，辅导员再次与小光见面了解到，他与父母沟通后，得到了父母的赞同和支持。在土木系专任老师的帮助下，小光参与到某企业单位周末实习活动中，还给辅导员老师留言，"跟着实习带岗师傅学到很多，还知道了不少行业内幕，觉得自己真的长本事了""我的表现得到了单位前辈的认可，单位有意愿在我毕业前提前招录我，都不用参加新员工培训了"。目前，小光正按照实习单位的提醒,在课程之余准备二级建造师资质考试,信心满满。

四、感悟启示

1. 坚持立德树人,确保将党的教育方针贯彻准确到位

思想政治的教育和引领是辅导员的根本职责,把党的思想和关怀传递给青年学生是辅导员工作的基本出发点。作为这样一种发挥特定功能的枢纽,辅导员必须不断夯实自身政治理论水平,更要在基层学生工作中,将这些理论进行准确的、可消化的现实转化,让学生在成长过程中、具体事情中有效吸收。辅导员要时刻牢记是党派我们来做学生工作,我们就要在学生学业、择业、就业、事业的全过程,贯彻、落实党的教育方针,体现以学生为本,把党赋予的资源和渠道利用好,提供给学生,帮助学生全面发展,既能对国家和社会作出积极贡献,同时实现自身对美好生活的向往。

2. 转变工作思路,紧跟形势变化和时代需求向内改革

以大学生就业工作为例,习近平总书记深切关心大学生就业,党中央、国务院出台一系列政策举措,高度重视、支持保障大学生就业。同时,当代大学生就业面临诸多新形势、新问题、新挑战。经济周期性放缓、科技革命颠覆性变革、新兴职业开放式发展、大学毕业生总量压力与就业结构性矛盾并存等客观因素,都在深刻影响和改变着大学生就业工作的主客观环境。辅导员不能完全寄希望于让学生做出调整改变,而是要推动学校和自身同步、超前做出从导向到方法的工作改革。面对新形势,需要改变的不止是学生,还有学校和辅导员。长期以来,以就业率为指挥棒的就业评价、拘泥于校园内的就业指导课程、受限于就业手续和岗位信息对接的就业服务等内容,有待优化和改革。

3. 提升工作本领,努力为学生成长发展提供有效支持

年轻人需要的是指点,而不是指指点点。辅导员不能低估学生的思想认识水平和看问题的视角,不能无视他们可能做出过的努力和尝试。辅导员不能居高临下、以经验者自居,更不能轻易替学生做决断,甚至以权威

强迫学生服从。需要学会倾听，学会理解，感同身受每名学生的独特处境和前路之难，辅导员需要少说多做，提高自己的本领、发挥自己的能量，为学生提供看得见的支持和帮助。不仅要告诉学生为什么，更要告诉学生应该怎么做，而且后者更加重要。

案例十一：情境·清晰·倾心——关于学生就业指导的谈心谈话案例

一、案例背景

小雅，女，2019届本科毕业生，文科类专业，专业排名中游，大学期间一直担任校、院主要学生干部，通过前期就业摸底调查，该同学毕业目标为直接就业。该生虽然成绩一般，但在校期间一直担任校、院主要学生干部且师生反馈较好，执行、组织和协调能力均较强，就业大目标确立较早，且有到京东等大企业实习的经历。大四到学校就业办担任学生助理，因此，相较于其他同学能够接触较多的就业信息与资源。该同学就业意识较强，也拿到一些企业的录取通知，具备较好的就业竞争能力，但就业季过半，该同学一直未签订就业协议。据其他同学反馈，该同学一直情绪较差，且与同学接触交流减少，状态不佳。

提早发现问题，全面搜集信息，准确把握问题学生的实际困境，是提高谈心谈话效果的前提和基础。发现问题后，为了更好地了解她的状况，辅导员找到了她所在班级的学生干部与寝室同学了解情况，从而对她彼时所处情境尽量详尽地掌握。

（1）该同学虽然成绩一般，但在校期间一直担任校、院主要学生干部且师生反馈较好，执行、组织和协调能力均较强，具备较好的就业竞争能力。

（2）该同学就业大目标确立较早，且有到京东等大企业实习经历，大四到学校就业办担任学生助理，因此相较于其他同学能够接触较多就业信息与资源，就业意识较强，也拿到一些企业的录取通知。

（3）据其他同学反馈，该同学对于就业期望值较高，面临着录取她的企业她不喜欢、她喜欢的企业不录取她的困境。因此，她十分苦恼、

困惑。

本次谈心谈话目的是倾听小雅的实际心声,并帮助其分析原因、解决问题,树立就业信心,做好更加科学、合理的择业规划。

二、谈心谈话过程

辅导员主动找到学生沟通,开展谈心谈话。通过对学生个人能力素质以及实习经历的肯定,逐步谈到其目前就业选择的状态。通过对学生的肯定,尽可能缓解学生对于当前境况的焦虑,并使学生向辅导员打开心扉。辅导员通过了解学生最新情况的同时,逐步帮助学生发现并分析现有问题。

> 辅导员:小雅,最近在学校就业办的助理工作做得怎么样啊?相比于其他同学来说,你接触的就业信息一定更多吧,再加上你有那么丰富的学生干部工作经历和实习经历,一定有很多的选择吧。
>
> 小雅:老师,不瞒您说,我之前的确是在京东有过实习经历,并且学校的就业老师也帮我看了简历,指出了很多不足。在调整简历后,我试着向几家企业投递了简历,目前收获了几份录用通知,但选择多的时候我反倒有一些焦虑,现在不知道应该选择哪一份工作了。
>
> 辅导员:小雅,你之前有过不少实习经历,应该会有一定的职业喜好倾向。你不妨想一想,你最想从工作中收获的是什么?或者你对目前这几家企业的录用通知有什么不满意的地方呢?
>
> 小雅:老师,其实我之前在京东的实习经历对我影响还是很大的。我感觉自己还是想做一些和经济领域(营销、金融等)相关的工作。但您也知道,我的专业背景和这类工作不太对口。据我了解,这一类工作的专业性比较强,之前我一直在自己的舒适区里工作,但我总是想做和经济领域相关的工作。
>
> 辅导员:嗯,我明白了。丰富的实习经历不仅让你提升了工作能力,而且在一定程度上让你发掘出了自己感兴趣的工作领域。正是因为你体验过,才有感受,有了感受,才会敢想,这对你来说是一件好事。你对于已经收到的几份录用通知有什么想法吗?

> 小雅：老师，说实话，我当时面试这几份工作也是为了给自己保个底，因为相对来说我在应届生的就业市场里还是有一定竞争力的，但他们还一直在催我抓紧签订就业协议。我一直焦虑的原因其实是我总觉得会有更好的，也许会签到经济领域的企业，但又担心自己等不及，会把手头这些已经面试过的工作机会错失掉了。

通过此段谈话，辅导员可以大致了解到学生存在以下问题。①就业可选择项多，出现的选择焦虑。②就业时机宝贵，担心失去已有的工作机会。③对自身工作能力与倾向工作之间的适配性不了解，引发的恐慌、焦虑。因此，作为辅导员，当前最需要帮助学生解决的是"如何选择第一份工作"的根本问题。

对于学生当前的回复以及实际状态，辅导员给予一定的肯定，并明确当前是积极的情况，并且指出学生面临的是"如何选择第一份工作"的根本问题。

> 辅导员：小雅，听你说了这么多，你对就业岗位的选择有很清晰的想法。因为你最近太过焦虑了，所以在一定程度上影响了你的行动力。你也知道，你的专业背景可能和经济领域的工作不太对口，或者说现在还没能遇到合适的招聘公告和机会。其实，从根本上来说，你是对自己的"第一份工作"应当如何选择产生了困惑。有目标才有奋斗的动力，我们不妨先试着从焦虑的情绪里走出来，看看你最想要的和最适合的是什么。
>
> 小雅：好的，老师，我想一想也的确是这样的，现在我觉得我面临的选择太多了，我应该怎么给自己理顺一下呢？

通过生涯规划中的"平衡轮"工具，辅助学生确定发展方向，并鼓励学生继续向前进，有压力才有动力，有方向才能前行。

> 辅导员：我们用一个"平衡轮"工具来试一试。给你一张纸、一支笔，你先画一个圆圈，将其分成八个部分，在每一个部分里写上你在求

职中希望得到或者需要考量的因素，根据每一个部分的重要程度用"1~10"的数字分别赋分。

小雅：老师，我画完啦，您看看。

辅导员：小雅，我看到你把职业兴趣、个人成长空间、收入这三个部分排在最前面，那你再画一个圆圈，试着把自己实现职业目标需要具备的能力，也按如上的规则填到里面吧。

小雅：老师，我画完啦，这一次我把执行协调能力排在了最前面，但是在专业基础和实践经历上赋了较低的分值。

辅导员：嗯，我们一起来看一下这两个圆圈就比较清晰啦。那你看看这两个"平衡轮"里面自己填写的排序，你觉得现阶段为了实现就业目标，最想先提升哪个部分呢？

小雅：老师，我更倾向于在时间、精力和专业知识基础方面使使劲儿。

辅导员：现阶段的努力路径就很明确啦，你可以试着再去实习和听听相关专业的课程。

辅导员与学生明确当前需要抓紧确定目标，而不是继续用焦虑的情绪消极对待就业阶段，要和学生强调，现阶段需要尽快行动起来。

小雅：是的，老师，我试着抓紧去找找经济领域的实习机会，再丰富一下自己在这方面的简历，哪怕相关性不那么强，也能够通过实践让自己在锻炼中成长得更快一点。在学校的时候有空多去蹭蹭课，实习的时候多找一些线上的课程提升一下自己在这方面的专业知识。谢谢老师，我感觉有方向了！

通过再次肯定学生，引导学生树立积极的心态，正视就业阶段焦虑状态，肯定学生对自己"第一份工作"谨慎选择的态度，鼓励学生大胆尝试、认真实践、谨慎选择。

辅导员：现在是不是没有那么焦虑了，找到方向再行动，要比空想、焦虑要好得多，也会更充实一些。其实，你一直在努力的路上为自己找方向，只不过现阶段时间紧、压力大，一时情绪波动影响决定也是正常的，但你已经有好几份工作可以选择了，这就很能体现出你在就业市场中的竞争力了！

小雅：感谢老师在我最焦虑的时候找我谈这样一次话。我现在有信心了，我相信，只要努力，就一定会找到自己满意的工作。而且，我也相信努力过后，我也不会像现在这样焦虑了，事在人为！

通过此次谈心谈话，细致了解学生具体问题情况，拉近师生之间的距离，鼓励学生在就业阶段有问题找辅导员。同时，辅导员要与学生多做沟通、常联系。

辅导员：说的好！事在人为！老师相信你！你一定会找到一份让你满意的工作！有需要可以随时来找我！期待你的好消息！

三、工作成效

"老师，我知道该怎么做了，我回去就开始准备制订计划，哈哈…""老师，我最近又听了几场宣讲会，有几个不错的准备去实习看看了。""老师，我签了银行了，可以轮岗，有很大机会可以从事金融方向的工作！"

以上是之后几次谈话的结尾和小雅的最终选择，辅导员没有告诉小雅哪个选择是正确的，然而，比单纯的结果更重要的是能看到小雅越来越饱满的心态和充实的生活。最后，小雅在大四下学期与一家大型企业签订了经济领域岗位工作合同，并且在临近毕业之际，为在校学生做就业经验分享，给在校生打上一剂"就业强心针"。

四、感悟启示

作为学生工作者，除了日常管理工作外，辅导员需要用"心"去工作，倾"心"于学生。

1. "友"者之心——细致入微、关怀备至，设身处地解决问题

辅导员既是学生的引导者和引路人，也是学生的陪伴者和知心人。辅

导员只有和学生交朋友,获得学生的充分信任,才能有机会倾听学生的心声。辅导员要在党团和班级建设、学生日常事务管理以及网络思想政治教育等实际工作中,细致入微地了解学生的实时发展动态,通过学生骨干了解学生面临的现实问题,力求既解决思想问题,又解决现实难题,实实在在地为学生成长为社会主义合格建设者和可靠接班人铺路架桥。

这次谈心谈话,基于小雅同学毕业季的焦虑状态,如果单刀直入、贸然谈论本就困扰她的就业问题只能适得其反,不仅无益于问题的解决,还会使她情绪崩溃。因此,在前期发现问题的基础上,辅导员更多的是站在一名倾听者的角度,引导其慢慢放松心情,主动地将其所面临的困扰缓缓道来,真正践行"有理想信念、有道德情操、有扎实学识、有仁爱之心"的"四有"好老师标准。

2. "师"者之心——运用科学方式方法,引导学生成长发展

"师者,传道授业解惑也"。谈话之时,恰逢教师去参加全球生涯教练认证(BCC)的课程,也来源于此,教师在了解学生的困扰之后,有了用生涯教练工具——"平衡轮"去引导学生建立生涯目标的想法。"平衡轮"是生涯指导中的一种关于清晰现状的工具,一般来讲,包含三个方面。其一,一个目标的实现需要相关方面的支持,就像一个轮子要想转动,需要里面的辐条支撑一样。其二,平衡轮就像一架照相机,可以"拍摄"到当下时刻关于目标的相关方面的真实情况。其三,当目标的实现者清晰地了解到自己的现状,他想要让轮子转动,就需要进行选择或者调整,能够达到暂时的平衡,推动目标的实现。

毕业求职是学生走出象牙塔、走向社会的初探,许多同学在这一转变来临之际会感到不适,并产生焦虑,究其原因,在于离开教师与家长的指导,突然将自己置于单独面对社会的情境之下,对于自我的、主动的选择不适应,因此患得患失,无法做出理性、清晰的选择。"平衡轮"的价值便在于利用"平衡轮"图表,将脑中纷繁复杂、毫无头绪的想法加以梳理,并在梳理过程中审视自己的方方面面,清醒地认清自己的优势与短板,清晰地定位目标与愿景,进而能够勇敢自信地主动做出选择。一言以蔽之,使用"平衡轮"的目的不是借助工具代替学生做选择,而是帮助学生迈出自我选择的第一步。科学化的工作方法,能够有效地帮助学生走出困境,做好未来规划。

辅导员作为高等学校学生日常思想政治教育和管理工作的组织者、实施者、指导者,在学生面临问题时,要采取合理的措施,运用科学的方式方法解学生之困、授学生以法,使学生树立正确世界观、人生观和价值观,真正的明确自身需求、发展方向,确定好做选择时的原则底线,动态调整好自身的成长目标。同时,必须要在实践中总结经验,带着经验学习理论,进而用理论科学指导实践,要将学生成长发展作为头等大事来应对处理,了解每一名学生的具体情况,清楚每一名学生的发展动态,做好每一名学生的风险预判,明晰每一类事件的处理方式,从事中学、在事上练,真正将从学生身上总结出的科学经验与方式方法,回馈到助力学生成长生涯发展之中,向着辅导员专业化、专家化方向努力。

有时候,所谓选择,无关对错。谈心谈话也好,辅导员的工作也好,不是真的要告诉学生一定要做什么、必须做什么才是正确的,而是能够用一颗教育者的初心与真心为学生点亮一盏前行的灯塔,让他们在迷惘、困惑时,能够在辅导员的引导下,找到属于他们自己的未来之路。

习近平总书记在北京大学师生座谈会上讲道,"大学是立德树人、培养人才的地方,是青年人学习知识、增长才干、放飞梦想的地方。"学生工作者,则是当代青年大学生追梦路上的服务者、引领者、陪伴者,谈心谈话作为学生工作者了解学生思想动态,解决学生实际问题的"关键一招",是每名学生工作者的必备技能,科学的、系统的谈心谈话技巧,有助于学生工作者更好地开展工作,更好地担当起学生健康成长指导者和引路人的责任。

案例十二:以生为本,因材施教——
关于违纪后教育的谈心谈话案例

一、案例背景

小木,男,大二学生。小木性格直爽,家庭条件不错,且为人大方,但平时易冲动,经常为别人打抱不平。某天晚上,小木在与其他同学打篮球时产生矛盾,并发生肢体冲突。事件发生后,辅导员已及时进行处理,向涉事学生的班长、室友等了解当事人的基本情况,并且当天就对涉事学

生进行了严厉的批评教育，要求其以书面形式作出检讨，并对彼此道歉。同时，及时汇报给相关领导，并向学生家长通报实情。后续按照学校规定，准备对涉事学生给予处分。

本次谈心谈话目的是引导小木正确认识事件发生的后果和需要承担的责任，帮助小木摒弃行为冲动的习惯，正确处理人际关系。

二、谈心谈话过程

本次谈话是在打架事件发生两天后。在与学生面谈之前，辅导员要求学生就此次打架事件具体过程、结果写出一份客观、详细的情况说明。

> 辅导员：小木，最近专业课学习内容是不是更多了，学习跟得上吗？
>
> 小木：还好吧，老师，不会的我都问同学了，还能跟得上。
>
> 辅导员：那行，学习还是要放在首位，有不懂的你就多问。我看你最近情绪不高啊，还闹心呢？
>
> 小木：唉……老师，我真不是故意要打架的，我看到朋友让人欺负了，当时就有点上头。
>
> 辅导员：事情都过去两天了，你一直都没来跟我聊聊，打算自己扛？
>
> 小木：没有没有，我一直想找您的，但是还没下定决心，没脸面对您。而且我之前情绪也不太好，就想先冷静冷静。老师，对不起。
>
> 辅导员：不用跟我道歉，我就是关心你一下。伤到哪里没有？
>
> 小木：没有，就有的地方擦伤了，没什么事。

辅导员首先从关心学生的角度进行对话，缓解学生违纪后面对老师产生的紧张焦虑，拉近和学生的距离，以便后续更深入地沟通。

> 辅导员：事情经过我都了解了，现在也都过去了，对于这个事件，你自己是怎么思考的？
>
> 小木：那天确实是我做得不对，当时没想到后果能这么严重。

辅导员：为什么呢？明明是你被挑衅，不得已才出手的呀。

小木：冷静想一想，我还是不应该动手，他动手我也动手，这就是互殴了，唉……

辅导员：作为一个文明人，一名大学生，遇到问题能用打架解决吗？

小木：不应该打架，我这两天一直都在后悔。

辅导员：那你觉得应该怎么做？

小木：我当时应该干脆就不理他，直接回教室或者不跟他玩了，到其他地方去。

辅导员：那你这样逃走，不怕别人笑话你吗？

小木：这个事情，大家都知道是他做得不好，我如果受他影响被激将了，才更被人看不起。不接招，看他自己闹笑话。

辅导员：好，你懂得回避锋芒是一种正确的选择，但你要清楚，有时候你不去招惹人家，不代表别人不会招惹你。比如，你选择回避后，他可能继续穷追不舍，黏着你不放，或者觉得你是个软柿子，继续找你麻烦，那你怎么办？

小木：那我就跟您讲。

辅导员：现在知道告诉我啦？我曾经也是一名学生，我能理解你的想法。别人的行为确实让人很气愤，但我们应该想到找老师解决，通过打架既不能解决问题，又会进一步激化矛盾，他受伤了，而你即将面临处分。

小木：确实是得不偿失，其实，当时我就后悔了。大学上得好好的，还背了个处分。

辅导员：下次如果遇到类似的事情，你应该怎么处理？

小木：还是先不理他，如果他继续揪着我不放，我就跟老师反映。

通过对话可以看出，学生本人已经认识到打架行为是错误的，同时清楚打架事件给自己带来了不良影响。辅导员用试探的方式，询问学生应该如何处理此类矛盾，学生都能以理性的思维去思考。

辅导员：你能这么想，我就放心了。这两天看你状态低迷，我一直在担心。

小木：谢谢老师，没想到您这么关心我，真是给您添麻烦了。

辅导员：只要你能好好的就行。除了后悔打架，你还有其他反思没？

小木：老师，我知道我不太成熟，容易冲动。其实，我在自己的事情上都不会冲动，吃点亏我都无所谓。但是一遇到朋友有麻烦，我就容易控制不住自己。

辅导员：就比如这次打架，是吗？我看你的情况说明里写了，是对方先挑衅的小李（小木朋友）。

小木：是的，是那人先撞的小李，我们说他，他还不服，朝着小李吐口水。

辅导员：那小李还没动手，你就先动手了？

小木：我当时就着急了，什么都没想就上去把他推开了。

辅导员：你是真着急啊，比当事人都着急。

小木：老师，之前您也提醒过我，做事要三思而后行，这回犯错误归根结底也是因为我太冲动了。

辅导员：其实你有很多优点，你热情开朗，乐于助人，跟同学关系都处得很好，大家对你评价也特别好。

小木：我从小到大性格就比较外向，就爱交朋友。

辅导员：这很好啊！你能用真心对待朋友，这特别难得，不过，为朋友两肋插刀也要有个度，老师还是要提醒你，别让热情冲昏了头脑。

辅导员对学生的优点给予肯定，鼓励学生继续保持，不要因为打架事件产生消极心理。同时，适当警醒学生不要"好心办坏事"，掌握好做事的尺度，三思而后行。

小木：这回我是真长记性了，板子打到身上是真疼啊，我特别后悔。

辅导员：你能吸取教训就好，以后为人处世要沉稳一些，凡事多想想后果。

小木：我知道了，老师，以后一定不会再犯这种错误了。

辅导员：好，我现在要批评你了。

小木：啊？

辅导员：你不信任我啊，之前都答应过有事情会跟老师说，这次这么大的事还一直躲着我。

小木：老师，对不起。以后肯定多和您沟通。

辅导员：好的，回去吧，之后如果还有什么情况，及时跟我讲。

小木：好，谢谢老师。

三、工作成效

经过本次谈话，小木深刻认识到自己的错误，也坦然面对存在的问题，并逐渐解开心结，投入到正常的学习和生活中。处分下达之后，辅导员多次联系小木进行深入的谈心谈话，了解学生现阶段的心理情况，该生多次询问何时能撤销处分，对个人未来发展是否会有严重影响。为避免引起学生情绪上的反弹，造成更恶劣的影响，在后续对待该生的态度上，辅导员采取"恩威并施"的态度，告知该生处分撤销时间为半年以上，结果如何会参照他今后一系列表现。该生在此次打架事件后，积极转变，主动帮助班委承担班级工作，同时积极与任课老师沟通，学习主动性有了明显提高。

四、感悟启示

1.关注学生思想动态，提升学生文明素养

随着社会经济的快速发展，大学生的思想动态较为微妙，情绪易波动、易冲动、遇事欠思考等问题不断凸显。作为高校辅导员，在烦琐的事务中适当调整自己的工作状态，迈出办公室，走进学生社区、走进学生班级、走进学生活动，既要重视学生思想动态，又要了解学生思想动态。融

合真实事例和数据，开展各类主题思想教育，引导学生践行社会主义核心价值观，提升道德修养，培养良好的认知结构，塑造学生健全的人格。让学生会做人、明事理、稳情绪，遇事沉着冷静处理。

2.开展问题隐患排查，将矛盾纠纷遏制在源头

辅导员要高度关注学生心理状况、思想情绪及日常行为，重点加强对学生之间矛盾纠纷的摸排，做到早发现、早干预、早化解，严防激化升级引发伤害事件。要健全、完善突发事件应急预案，定期了解学生思想动态，确保不漏掉矛盾纠纷隐患、不放过预警信息、不留盲点死角，各个班级的学生管理工作要因人施策，最大限度从源头上消除冲突和矛盾隐患。

3.加强法治观念教育，规范学生行为举止

辅导员在日常教育中，需要加强对大学生的法治观念教育，消除突发性打架事件发生的隐患。当下，很多大学生的法治观念淡薄，对法律条例了解较少。因此，辅导员应该结合事件的实际去开展工作，增强学生的法律意识。同时，深入开展安全教育和法治教育，引导学生遵规守纪，学会正确处理矛盾与冲突。对性格偏激、做事冲动的学生，要积极开展有针对性的心理辅导和疏导，增强其自我调控能力，防止过激行为发生。

案例十三：直面压力，化茧成蝶——关于学生干部成长的谈心谈话案例

一、案例背景

小林，男，"00后"，大三学生，担任学院学生会主席，性格开朗，组织能力强，学习成绩优异，深得同学和教师的好评。自入学以来，小林积极参与各项学生活动，展现了出色的领导才能和团队协作能力。

然而，随着年级的升高和职责的增多，小林感到压力倍增，特别是在平衡学业和学生工作方面产生了困扰。三年级专业课程难度较大，小林需要将更多时间投入到学习之中。谁知屋漏偏逢连夜雨，近期小林组织学院大型活动时，在活动策划和执行过程中又遇到不少挑战，团队协作出现问

题（如成员意见不合、沟通不顺畅等），导致他工作积极性有所下降。这种双重压力让小林倍感焦虑，甚至开始质疑自己的能力和价值。

本次谈心谈话的目的是帮助小林解决学生工作中的困扰，提升他的领导能力、组织能力和抗压能力，处理好学习和工作的关系，促进其全面发展。

二、谈心谈话过程

辅导员主动找到学生沟通，话题采用"教练技术"的方法，语气自然亲和、坚定有力，倾听学生的烦恼与困扰，采用"剥洋葱"的方式逐层深入，陪伴学生共同发现现有问题，探讨问题根源。

辅导员事先了解到小林的情况，特意挑选了一个轻松舒适的环境，准备与他进行深入的交流。谈话开始时，辅导员以轻松的话题作为切入点，询问了小林最近的生活和学习情况，逐渐拉近了彼此的距离。

> 辅导员：小林，看你最近不常来办公室了，给你布置的学生工作回应也不像以前那样及时，是不是有什么烦心事啊？
>
> 小林：（微微一愣，随即点了点头，脸上露出一丝疲惫）老师，我确实有点累。学生会的工作越来越多，学业也不能落下，我感觉自己快撑不住了。
>
> 辅导员：别担心，我们一起想想办法。你能把问题详细说说吗？
>
> 小林：我大三了，目前的成绩处在保研边缘，我想努力提升一下绩点，争取成功保研。同时，这学期的课程还比较多，难度也大，更需要时间来投入学习，学习任务压得我喘不过气来。我还有学生工作。我现在担任学生会主席，要组织的活动太多了。学生会的同学虽然都很有干劲，但是大家经常有意见不同的时候，这让我很为难。学弟学妹热情是有，但是他们课程也多，对于学生工作的投入没有保障，导致好些时候我们主席团成员都得亲力亲为。虽然我们已经很努力了，但是也会有同学对我们的工作不满意，让我们很委屈。所以我在想，我是否还应该继续坚持做学生工作。

通过此段谈话，辅导员可以大致了解到，目前学生存在以下五点问题。①想要保研，课程难度大、课程多，导致学习压力大，时间紧张。②学生工作任务重，要组织的活动较多，有压力。③学生组织成员有时候意见不统一，作为学生会主席，不知如何处理。④部分学生组织成员投入不足，导致自己和其他同学承担了很多。⑤有同学对学生活动不满意，自己感到委屈。

辅导员认真倾听小林的诉说，并适时地提出问题，引导他深入思考。

> 辅导员：我了解你的想法和处境了。你真是不容易，学习任务重、学生工作压力大，但是一直默默无闻地认真做工作，从没跟老师抱怨，说明你是一个有责任心、有担当的大男孩，我很感动，给你点赞。

小林听到这里，认真看着辅导员，眼中闪出一点泪光。

> 辅导员：我们一个问题一个问题来聊聊。首先是关于学习的问题。学习是学生的主业，是大学生最重要的任务。目前来看，要努力提高学习成绩，时间紧张是你面临的重要问题，对吗？
>
> 小林：对。
>
> 辅导员：那你有没有尝试过制订一个详细的时间表，来规划你的学习时间呢？
>
> 小林：（摇了摇头）我试过，但总是坚持不下来。有时候一忙起来就什么都忘了。
>
> 辅导员：（点了点头，表示理解）这很正常，刚开始可能会有些困难。关键是你要有决心和毅力去坚持。另外，你可以尝试一些时间管理的技巧，比如番茄工作法、四象限法则等，它们能帮助你更有效地利用时间。
>
> 小林：番茄工作法？
>
> 辅导员：名字比较有意思哈，这样，我们按照番茄工作法简单制作一份你今晚的时间安排表，你学会这个方法后，可以自己制订时间计划表。
>
> 小林：哦，那好的呀。

> 小林听到这里,脸上露出一丝微笑。
>
> 辅导员:(现场教小林按照番茄工作法制订了一份时间表,提醒小林)你看看这个方法适不适合你,我也会不定期提醒你,看你时间规划管理的情况,你看好吗?
>
> 小林:好的,老师,您天天督促我才好呢。
>
> 辅导员:哈哈,我尽量哈。

以上是辅导员先通过充分肯定给小林赋能,在此基础上,针对学习任务繁重的问题提出建议方案,然后指导小林如何进行具体操作,提升建议方案的可行性,最后提出不定期督促,帮助小林提升时间管理能力,解决"坚持不下来"的问题。

> 辅导员:你的另一个想法是要保研,你知道我们学校保研有哪些途径吗?你适合通过什么途径保研呢?
>
> 小林:我知道成绩保研,好像还有些其他保研方式,但我了解不多。
>
> 辅导员:我们学校保研有六个途径,每个途径的要求不一样,考核形式也不一样,你应该看看你适合通过哪个途径保研。
>
> (接下来,辅导员详细介绍了保研的六种途径,小林听得非常专注。)
>
> 小林:哦,好的,老师,我需要消化一下您说的这些保研途径,近期我再向您汇报我的想法,请您帮我指导指导。
>
> 辅导员:没问题,随时联系我。

辅导员向小林详细介绍保研政策,帮助小林做好生涯规划,以便他找到适合自己的途径,更好地实现小林的目标,避免小林过度焦虑。

接下来,辅导员向小林逐一解答困惑,从思想、方法等层面给出实用性建议和指导。

> 辅导员:刚才我们探讨了学习、保研的事,接下来一起看看学生工

作方面的问题如何解决。

小林：嗯嗯，好的。

辅导员：我看你在学生工作方面遇到的第一个问题还是工作与学习相平衡的问题。它也涉及时间管理的话题，我们也可以利用番茄工作法做个规划，让学习时间和工作时间更加明确，避免相互影响。

小林：嗯嗯，您说得对。

辅导员：那你回去可以完善一下刚才的时间计划表，看看如何更好地安排和使用时间。

小林：好的，老师。

辅导员：除了充分利用时间，你也要锻炼分配指导工作的能力。这样的话，你的时间精力又可以节省一些了。学生工作要大家一起做，你作为学生会主席，重要的是学会分配任务，指导学弟学妹完成任务，在他们遇到困难的时候，帮助他们想办法去解决，不一定所有事情都压在自己身上。

小林：谢谢老师，我在逐渐转变角色，做些分工、指导的事。但是工作中，经常会有人有不同意见，使我很郁闷，有时候真是不知道该怎么办，于是就全都自己干了。

辅导员：你有转变角色的想法，我很为你高兴。关于大家有不同意见的事，在工作中很常见，有时候还是件好事。

小林：（不解地看着老师）好事？

辅导员：对呀。你还记得我在彩虹成长计划里面"六顶思考帽"课程中讲过的"黑帽"是什么作用吗？

小林：嗯，应该是代表谨慎和防御，主要任务是质疑。

辅导员：很好，你上课很用心呀。思维中有质疑的维度，一个团队也有这样的角色，有人称之为"异议专家"，就是会提出不同看法。有"异议专家"，说明你的团队有活力，恭喜你。对于团队里不同声音，我想第一步还是要看对方提议的合理性，对于合理的部分或者风险点，我们还是应该注意吸收或者做好防范。有的时候大家的意见没有对错，只是每个人所站的角度不同、掌握的信息不同，观点就不同。面对这样的情况，还是要加强沟通，了解大家所关心的问题，把信息对齐，争取达成一致，如果还有不同认识，要以保证活动效果为重，通过不断磨合、验证观点，最终取得一致。

小林：嗯嗯，老师，还有个问题，就是现在同学课程都很紧张，经常找不到人干活，最后只有我们几名主席团成员往前冲，大家真的好累。

辅导员：你说的这个情况的确是个老大难问题。我们学院课程多、实验多，甚至周末也有课程，我们谈心谈话也得在中午或者很晚的时候进行。这点你比我感触更深。对于这种情况，我想或许有几种方法可以尝试一下，看看能否改善。一是尽早谋划工作，把战线拉长，让大家有足够的时间筹备，你做好督促、指导和验收，按照时间进度推进。二是合理安排人员，既要找时间相对充裕的同学，也要保证人员数量满足需要，避免任务过于集中在某名同学身上，那样不利于工作推进，也不利于同学成长。三是学习、掌握一些工作工具，比如AIGC工具、时间管理工具、线上协同办公软件等，提高个人工作效率和团队协同效率，向工具要时间。

小林：嗯，真是老大难问题，我也调整一下我的做法吧。另外，老师，您刚才讲的对我很有启发，我也找到一些办法。但是有时候看到网上对我们的工作有不解或负面评价，我就感觉很难受，真觉得太委屈、太不值了。

辅导员：我能理解你的委屈，因为我知道你对学生工作有多用心、多认真。其实这种体验是学生干部的必修课，也是未来更好地面对人生风浪的必修课，我为你选择这门必修课感到高兴。面对这种情况，你一定要相信自己，不要因为别人的否定而质疑自己，你做的所有工作都有可能招致不解、误会、质疑，我们首先要有颗"大心脏"，坦然面对。同时，咱们可以把批评当财富。对于大家的不解、误会，我们通过积极宣传来解释；对于负面评价，我们也可以反思一下，是否有这样的问题，哪些方面可以进一步完善，有则改之，无则加勉。另外，无论何时遇到什么困难，受到什么误解，都欢迎你来办公室找我，老师肯定全力支持并帮助你，愿意倾听你的心声，跟你分享快乐、分担忧愁。

此处辅导员老师提出欢迎小林来办公室,是呼应开头谈话中提到的"最近不常来办公室",强调希望小林常来办公室谈心,教师会给予支持,增强小林的支持感。

> 小林:嗯嗯,谢谢老师。(小林听到最后,眼中又闪着一点泪花)老师,我以后有事可以来找您倾诉吗?会打扰您工作吗?
> 辅导员:欢迎你随时来找我,我是你的倾听者、支持者、陪伴者。
> 小林:谢谢您!

三、工作成效

经过此次谈心谈话后,小林的心态发生了积极的变化。后经过不时"春风化雨润物无声式"的交流与引导,他重新找回了学习的信心和工作的热情,积极投入到学习和工作中去。他明确了参与支教团的想法,立志用一年的时间,做一件令自己一生难忘的事。

日常学习工作中,小林按照制订的计划行事,较好地解决了时间管理的问题。在实施过程中,小林遇到了不少挑战。起初,他发现自己在执行时间表时,经常受到各种突发事件的干扰,导致计划被打乱。通过滴灌式引导,他逐渐学会了如何在变化中保持灵活性,学会了将突发事件纳入自己的时间管理系统中。

经过不断探索,小林逐渐找到了学业与工作之间的平衡点。他意识到,学业和工作并不是相互排斥的两个方面,而是可以相互促进的。因此,他开始尝试将所学知识应用到实际工作中去,同时在工作中不断学习和成长。

为了更好地平衡学业与工作,小林制订了一套适合自己的学习策略。他利用课余时间进行预习和复习,确保自己能够跟上课程的进度。同时,他积极参与课堂讨论和课外研究,不断拓宽自己的知识面和视野。在工作中,他将所学知识转化为实践经验和能力,为班级和学生会的发展贡献自己的力量。小林还带领学生会成员成功举办了一系列活动,赢得了师生的一致好评,为校园文化建设作出了重要贡献。

同时,小林在个人成长方面取得了显著的进步(如沟通能力和领导力得到增强等）。在情绪调适的过程中，小林学会了倾听自己的内心声音，了解了自己的真实感受和需求。他不再盲目追求他人的认可，而是更加关注自己的成长和进步。同时，他学会了通过运动、阅读等方式来放松身心，缓解压力。这些经历不仅让他变得更加坚韧和自信，也让他更加懂得如何与他人建立健康的人际关系。

小林认识到了团队合作的重要性。他认为学生干部应该具备良好的团队合作精神和沟通能力，只有与团队成员相互支持、相互协作，才能共同完成任务并取得成功。同时，他鼓励大家多参与社会实践和志愿服务等活动来拓宽视野、增长见识，并培养自己的社会责任感和公民意识。

更重要的是，小林在成长的过程中逐渐形成了自己的世界观、人生观和价值观。他明白了成功并不是一蹴而就的，而是需要付出努力和坚持的。他也懂得了如何面对挫折和失败，并从中汲取教训和力量。他变得更加自信、坚韧和乐观，成为了同学眼中的榜样和领袖。

四、感悟启示

1.将思想教育与问题解决相结合

做好思想政治教育是辅导员的主责主业。加强思想政治教育不能单纯靠说教理论，更应该聚焦学生诉求，在解决学生实际困难的过程中，引导学生树立正确的世界观、人生观和价值观。这就要求辅导员具备管理学、心理学等知识，熟悉学生发展等方面的政策规定，了解青年发展规律，不断提升思想教育的实效性和亲和力。

2.将一次性谈话与长期性督导相结合

一次深入的谈心谈话对学生有重要帮助作用，能够让学生茅塞顿开。但是要让谈话成果在学生实际生活、行动中持续起效，需要辅导员长期的督促指导，以防"本能漂移"效应的影响，避免学生回归到学习工作中时，缺乏督促的压力，行为回归到谈话之前的状态，谈话效果衰减。

3.将学风建设与职业规划相结合

学习力支撑就业力，就业力牵引学习力。良好学风是学生学业取得进

步的重要环境支撑,有利于学生在学术上取得进步,提升学生的学习力。营造良好学风是辅导员的重要任务。同时,辅导员应该高度重视生涯规划教育。通过生涯规划教育,帮助学生明确自己的发展方向,有助于激发学生成长的内生动力,提升学习的积极性和主动性。明确了学生的生涯规划,辅导员可以更有效地为不同学生设计不同的支持方案,在学业进步的基础上,实现个性化指导、个性化发展,不断提升学生的就业能力。

案例十四:以爱为引,育梦成光——关于学生学业帮扶、亲子关系改善、生涯规划指导的谈心谈话案例

一、案例背景

小史,男,2020级本科生。大一学年,小史与家长争执不断,亲子关系陷入了僵局;在学习上态度消极,屡次缺课,成绩徘徊在及格线边缘;排斥学校,抵触学校活动,拒绝与同学和教师沟通,内心越来越封闭。与家长、同学、教师相处不和谐的局面让他处处碰壁,遇到了更多的挫折。大一期间,他出现了抑郁情绪,他将自己在学校遇到的种种难题归因于择校的失误,甚至在大一学年结束时坚决要求退学。

本次谈心谈话目的是帮助小史疏导抑郁情绪,引导其正视并解决内心的困扰。此外,通过谈心谈话的方式深入了解问题产生的原因,帮助其调整学习态度、改善亲子关系、增强社交能力、规划职业生涯,鼓励其树立起战胜困难的勇气与信心。

二、谈心谈话过程

第一阶段:建立信任,倾听心声。

辅导员以唠家常的轻松方式开场,迅速拉近了与小史的距离。通过开放式问题引导小史分享内心的真实感受,让小史感受到了被理解和尊重,他开始缓缓道出自己的困扰,包括对学校和专业的不满、学习上的挫败感以及与家长的矛盾。

> 辅导员：小史，最近忙什么呢？我感觉你最近情绪好像有些低落，愿意和我分享一下是什么让你感到困扰吗？
>
> 小史：老师，我越来越讨厌这个专业，讨厌这所学校，对什么都提不起兴趣。来到这里是我父母的选择，不是我的梦想。我不擅长学这些东西，也根本学不好这些。
>
> 辅导员：我理解你当时的处境，那你现在有没有考虑过对未来的规划呢？
>
> 小史：老师，当初得知录取结果后，我就想复读，但是父母逼迫我来这报到，现在我还是接受不了这个专业，真的学不进去，我想退学。

通过此段谈话，辅导员可以大致了解到，目前学生存在以下三点问题。

①抑郁情绪，心结难解。②和家长有矛盾，抵触与家长交流。③没有目标，没有学习热情，学习吃力。

第二阶段：共情理解，分析问题。

在小史倾诉的过程中，辅导员始终保持专注和耐心，通过点头、眼神交流等方式给予他积极的反馈。当小史提到自己被迫选择不喜欢的专业和学校时，辅导员表达了深切的理解，以此来引导小史继续倾听。

> 辅导员：我能想象那是一种怎样的感受，被束缚在自己不感兴趣的领域里，确实很难受。

在取得小史的认同和信任后，辅导员逐步帮助小史梳理问题，逐层分析，从而解开他的心结。

> 辅导员：虽然现状不尽如人意，但是问题既然出现了，我们就要尝试解决。其实，你也有这种想法，刚刚你说你想退学复读，这是你的解决方法。这很好，说明你有在尝试改变现状，可以和老师说说你具体的规划吗？

小史说出了自己对复读的想法。辅导员并没有直接否定他,而是站在他的立场上帮他分析现状和规划未来,和他一起探讨适合他的求学之路。

> 辅导员:对,其实你自己也说了,复读有很大的不确定性。我们可以想想还有没有其他更好的解决方法?比如,除了高考外,考研也是一个很好的跳板,你可以跨专业考到你理想的学校就读喜欢的专业。
>
> 小史:老师,我其实也想过,但这几年我还是要在这个不喜欢的专业学习,我会很痛苦。
>
> 辅导员:我理解你,但其实每种选择都不能十全十美,复读虽然在你现在看来,你觉得很有信心,但是复读的压力和高考的不确定性都是极大的风险。既然已经来到学校了,我相信你有实力和能力学好这些课程,用课余的时间去丰富你感兴趣的领域,等考研的时候一战上岸。老师带过和你经历类似的同学,他们经过调整心态,勤奋努力,最后都考上了理想的学校。

小史陷入了深思。

> 辅导员:虽然现在对于你来讲,学习会有些痛苦,但这也是对你的一种磨砺,你要学会对自己负责,对自己的未来负责,通过学习提高自己的综合能力,为未来的选择打下基础。

辅导员引导小史正视问题,提出解决问题的办法不只有退学复读一条路,是考研的可行性更高,并给出一些经历相似、成功逐梦的案例,增强小史的信心。

第三阶段:家校合作,协力解决。

> 辅导员:小史家长,你们好!我和小史沟通过几次,大致了解了他目前想退学的原因。不知道你们有没有感受到,孩子现在的情绪状态不是很好。
>
> 小史家长:我们发现了,但孩子不愿意和我们沟通,问什么也不说,就是坚决要退学。我们也在反思,当初帮他报考,没尊重他的意

> 愿,是不是错了。
> 辅导员:其实,我们都是为了孩子好,我也在劝说孩子是否可以考虑考研再转专业这一条路。

辅导员在和小史的沟通中,发现小史对家长帮其择校表示强烈的不满,且不愿与家长进行沟通交流,亲子关系紧张。为此,辅导员便成为了双方沟通的桥梁、冲突的防火墙,既向小史传递着父母对他的关心,又及时向家长说明小史的身心状况、内心感受及家校合力育人的积极意义。

第四阶段:观念引导,鼓励行动。

在分析了问题之后,辅导员开始为小史提供具体的建议和支持。首先,鼓励他尝试调整心态,用更积极的态度去面对现有的学习环境。其次,建议他制订合理的学习计划,逐步提高学习效率。同时,辅导员还主动提出帮助他联系学校的心理咨询中心,提供专业的心理疏导服务。在鼓励小史采取行动时,辅导员强调了行动的重要性。

> 辅导员:改变不会一蹴而就,但每一步努力都是向着更好的方向迈进。我相信你有能力做出改变,只要你愿意迈出那一步。
> 小史:老师,我明白了,我会尝试努力学好专业课的。

第五阶段:持续跟进,巩固成果。

谈心谈话并未随着一次交流的结束而终止。辅导员与小史约定了后续沟通的时间和方式,确保能够及时了解他情绪的变化和需求。在后续的跟进中,辅导员不仅关注小史的学习情况,还关心他的心理状态、人际关系和亲子关系。通过持续的关注和引导,小史逐渐展现出了积极的变化。

> 辅导员:小史,我看你这学期状态不错呀,成绩上升很多!
> 小史:把心态摆正,好像学起来也没有想象中那么困难。
> 辅导员:对呀,老师相信你有这个实力,你现在开始准备考研了吗?
> 小史:我已经开始学专业课了,周末按时去图书馆学习,最近的学

> 习效率还是很高的。
>
> 辅导员：看出来了，你现在整个人的状态就很好，老师等着你的好消息。

此外，辅导员还主动与小史的家长取得了联系，向他们反映了小史在学校的情况，并建议他们加强与孩子的沟通，理解并尊重孩子的真实想法和感受。家校双方的共同努力，为小史的成长提供了更加坚实的支持。

三、工作成效

经过一系列深入细致的谈心谈话和每学期持续的关注引导，小史的学习态度和情绪状态均有了显著的改善。他不仅克服了对学校和专业的抵触情绪，还主动参与了多项校园活动，与家长、同学和教师的关系也日益融洽。在学业上，小史的成绩稳步提升，最终成功考上了心仪大学的研究生。

四、感悟启示

1.情感关怀与心理疏导的重要性

在学生的成长道路上，情感关怀与心理疏导扮演着不可或缺的角色。辅导员作为学生校园生活的重要引导者，应当成为他们最坚实的情感支柱和心理导师。学生时期，面对学业压力、人际关系、自我认知等多重挑战，学生往往容易产生焦虑、抑郁等心理问题。辅导员需具备敏锐的洞察力，及时发现学生情绪波动或心理困扰的迹象，通过耐心倾听、尊重理解以及专业的心理疏导技巧，帮助学生有效应对困境，引导他们建立积极的心态和情绪调节能力。

2.家校合力育人的必要性

家校合作是教育过程中不可或缺的一环，它如同学生成长的双翼，共同托举学生飞向更高的天空。辅导员应积极搭建家校沟通的桥梁，确保双方信息的畅通无阻。通过家长会、家访、电话沟通等多种方式，辅导员不仅要向家长反馈学生在校的学习生活情况，而且要深入了解学生在家庭环境中的表现和需求，从而制订更加全面、个性化的教育方案。同时，家校双方需保持教育理念的一致性，协同解决学生在成长过程中遇到的问题，共同促进学生的健康成长。

3.因材施教的独特性

每名学生都是独一无二的个体，他们拥有不同的兴趣爱好、性格特点、学习方式和成长速度。辅导员应充分认识到这一点，摒弃"一刀切"的教育模式，坚持因材施教的原则，为每名学生提供个性化的指导和帮助。这要求辅导员深入了解每名学生的家庭背景、学习基础、性格特征以及未来规划等方面的信息，从而制订出符合学生实际情况的教育方案。此外，辅导员应鼓励学生发挥自身的优势和特长，激发他们的潜能和动力，帮助学生取长补短、实现自我超越。

案例十五：扶困励志，铸就健全人格——关于"家庭经济困难学生问题"的谈心谈话案例

一、案例背景

小赵，男，2004年生，汉族，建档立卡学生，学费和生活费来源主要是生源地贷款。学生性格活泼开朗，乐观积极。家庭主要成员包括父母、奶奶和弟弟。在大学入学的时候，他被认定为家庭经济特殊困难学生。

在大三开学初，家庭经济困难学生集中认定的公示期内，辅导员收到了学生小崔的反映。他谈到公示名单里面的小赵同学，似乎家庭不是很困难，他平常有一些小的创业项目，收益还不错，因此日常消费挺高，经常跟其他同学去外面吃饭，手机用的也都是当下的新款，感觉虽然他的家庭条件不好，但是有个人创业的部分，应该将其确定为家庭经济一般困难。

辅导员听到这个反馈以后，感觉不会是无中生有，于是重新调出了小赵的高等学校学生家庭经济情况调查表，还有民政部门的证明。上面写道，小赵父亲脊髓损伤，丧失劳动能力，日常打零工补贴家用，母亲身体

不好,常年服药,父母无固定工作,奶奶瘫痪常年卧床,弟弟上高中。因为父母没有上过学,所以只能做体力活,家庭的收入每月只有1500元左右。如果根据调查表反馈的信息来看,其条件完全符合困难学生的评定标准。辅导员进一步回忆了当时与小赵进行家庭情况摸底调查时,他的衣着等,似乎没有什么大的问题。为了进一步确认小崔反馈的情况,辅导员又找到了班级的其他同学,并且在校园卡服务中心调取了小赵的消费记录。

小赵听说要降低自己家庭困难认定等级后,跑到辅导员处反映,按照认定标准,自己应该属于特殊困难,不应该降低认定等级。

二、谈心谈话过程

对于此案例,辅导员认为主要矛盾有两个:一是在进行家庭经济困难学生认定的时候,家庭经济困难的实际情况与学生实际的经济困难情况存在一定的差别;二是家庭经济困难学生应该如何看待经济资助,要加强受资助学生的感恩教育,引导学生回馈社会。

辅导员找到学生沟通,话题采用唠家常、生活化的方式,语气自然亲和,逐层深入,逐步打消学生对辅导员的抵触情绪,帮助学生分析现有问题,深挖问题内涵。

> 辅导员:小赵,假期过得怎么样?父母身体还好吗?你的创业项目最近如何呀?
>
> 小赵:父母还好,没什么变化。假期在家帮帮忙,主要还是带父母去医院看病。创业项目还可以,目前进展算是稳定吧。我主要还是想靠自己的能力,增加一些经济收入,这样父母压力能小一些。
>
> 辅导员:嗯,你这种通过自身努力去克服困难的行为特别好,而且在老师看来,你通过创业项目取得的收入还是不错的。我有点困惑,你好像很介意困难等级被降低,有什么担心吗?
>
> 小赵:还是有的。虽然创业项目目前看起来还可以,但是收入并不是特别稳定,一旦出现问题,我的生活开销就不能保证了。我还是有点担心。而且,老师你看,家庭经济困难学生资助工作,这个是国家的政策,我的家庭条件也确实符合,我的创业收入是我个人劳动所得,不能

因为这个收入就改变我的家庭经济困难认定等级呀。如果我运气不好，项目出现变故，困难等级一旦降低资助就减少了，一定会影响我的生活。

辅导员：我观察到你的日常用品都挺新的，这个花费是不是也挺高？

小赵：嗯。我最近创业项目的收入比较理想，所以经济相对宽裕，确实花费多了一些。但是这个并不是我的资助收入呀，是我个人劳动所得。对于劳动所得，我有支配权。

通过谈话，辅导员明确学生问题：责任意识、诚信意识和感恩意识有缺失，自信心不足，缺乏对职业的规划，认为目前的成功是运气好的原因。因此，辅导员并没有马上指出他自身存在的问题，而是先安抚学生情绪，等其情绪稳定后，再开展教育引导。

辅导员：你先别着急，稳定稳定。我们以去年的各项花费为基础，分析一下，哪些花费是必需的，哪些是不必要的。我们来看看，是不是每一项的花费都有意义。你整理一下，我们明天一起看看。

小赵：嗯，老师你说完了以后，我静下来想了想，也仔细看了一下，确实有一些花费不太必要。如果将这些不必要的开销节约下来，那么我获得的资助和创业项目收入基本可以保证我的日常生活需要。

辅导员：非常好。生活确实是这样，有时候需要做加法，但是更多地要学会做减法，去掉不必要的，才能让生活更加轻松。

小赵：老师，您说得对。我之前从来没有回望过。这次看账单，我才发现，有一些确实是浪费的。您也知道我的家庭条件不太好，从中学开始，我一直领补助。这次突然听说要把家庭困难认定等级下调，我想这也一定会影响给我的补助，我有点着急了。我害怕自己因为经济原因，影响了学习和生活，但是我确实没有真正去思考过，我是不是需要这些补助，或者说我到底需要多少补助。

辅导员通过情绪的安抚与共情，赢得了学生的信任，使学生通过对账单的反思，正视补助需求。当学生开始明确自己的需求之后，激发学生思

考,通过绿植的种植,让学生感受到生命的力量。

> 辅导员:小赵,我今天送你一个礼物,是一盆小绿植,你回去养着,然后观察它的生长状态,看看它的成长,到底需要的是什么。
>
> (一周后。)
>
> 小赵:老师,生命真的很神奇。只要有水和阳光,你看它长得多好。
>
> 辅导员:你确实养得太好了。对了,好像我给你的花盆不是这个吧。你换了新的?
>
> 小赵:嗯,老师。原来的花盆有点太普通了,我就换了这个漂亮的玻璃瓶。
>
> 辅导员:嗯,确实很好看。但是你想想,是不是只要有水和阳光,不论在哪种花盆里面,它的成长状态都是一样的,对不?
>
> 小赵:老师,您说得对。只要生长的基本条件满足,成长环境的差别并不会影响它的生长。对于我也是一样的,只要满足了最基本的生长条件,物质条件的差别并不会影响我。老师,以前的我有点自卑,我总想用高档物品来证明自己的价值,但是我没有想过,其实这些并没有意义,我应该关注自身的努力。

在小赵明确了生命的力量之后,辅导员希望让他能够帮助他重塑信息,感受到自己与别人的与众不同。

> 辅导员:你看,老师这里有几个橘子,你挑两个你喜欢的,再尝一尝,看看这两个橘子各有什么不同。
>
> 小赵:老师,虽然这两个橘子看起来都挺好的,但是味道却完全不一样。老师,我明白您想告诉我的道理了。每个橘子就像每个人一样,都是独一无二的,要正确地认识自己,做自己最重要。而且,这个过程不需要向任何人去证明,相信自己,认定目标,坚定前行。

在学生已经树立信心,能够正确面对生活以后,辅导员下一步的谈心谈话目标是要进一步提升学生的道德认知,增加感恩教育,引导学生要懂得回馈。

三、工作成效

通过一段时间的教育引导，小赵或许曾因经济上的压力和对未来的不确定而感到迷茫与沮丧，但随着时间的推移，小赵逐渐展现出了前所未有的学习热情与工作效率，他学会了如何高效管理时间，将每一分、每一秒都投入到有意义的学习和实践中。这种积极态度的转变也深刻影响了他的工作表现，尤其是在他自己的创业项目中，更是展现出了非凡的领导力和创新能力。得益于精准的市场定位和不懈的努力，小赵的创业项目不仅实现了收益的稳定增长，还逐渐在市场上站稳了脚跟。经济状况的改善让小赵做出了一个令人钦佩的决定——他主动放弃了学校的补助，希望将这份补助留给更需要帮助的同学。同时，他在生活中也变得更加开朗和乐于助人，经常主动与同学交流学习心得，参与各种学业帮扶活动，用自己的经历激励他人。此外，小赵还积极参与敬老、助老的志愿服务，他相信，通过自己的绵薄之力，能够为这个社会带来更多的温暖与正能量。他说："我希望通过我的努力，让更多人感受到帮助他人的快乐，也让自己在帮助他人的过程中不断成长。"

四、感悟启示

面对当下的思想政治教育形势，要求辅导员能够结合理论与实践，重新审视家庭经济困难学生的思想教育，树立新观念、探索新途径，推进大学生思想教育。

1. 以人为本，充分发挥学生的主观能动性

大学生的成长发展，是从无知到有知，从封闭到开放的。在这个身心共同发展，知识能力共同进步的阶段，对于大学生而言，树立正确的世界观、人生观和价值观具有重大的意义。在此过程中，更重要的是发挥人的主动性。信息革命改变了学生的生活方式和思维方式，当代青年思想活跃，独立意识和自我意识较强，传统教育中一味讲道理已经不能满足他们的需求。在本次事件中，如果辅导员单纯讲树立自信，感恩教育，那么相

信学生不会认识到自己的错误，甚至会走向另外一个极端，认为辅导员在针对他，故意的刁难他。因此，在家庭经济困难学生的教育过程中，要相信学生能够解决自己的问题。谈心谈话的主要目的就是要引导学生，帮助学生正确认识自己。让学生在体验中感悟道理，避免说教的苍白感，让学生真正接受，从而改变自己的观念和行为。因此，当前的思想政治教育工作要注重学生的独立思考和自我教育，辅导员要能够根据学生成长的内在需求和规律，在启发和引导的基础上，努力让学生主动参与到思想政治教育工作中，让学生真正在教育中发挥主体性作用。

2.感恩教育，从解决问题到教育的可持续性

大学生思想政治教育的实效，在于大学生思想道德素质的提高，在于大学生对学校的认同和积极参与学校建设的实践，在于形成更加健康向上的道德观念和更加高尚的、适合于现代化的思想道德观念。对家庭经济困难学生思想教育实效评价，不应该是静止的，而应该是运动发展的，采用运动性的思维方式，立足于长远，从学生自我机制完善和良性、健康运行的目的出发，注重学生教育的协调性、稳定性、持续性。

3.倾心倾注，以真情温暖学生心田

"亲师信道，友乐同行"，辅导员应致力于成为学生人生旅途中的引路明灯与心灵港湾，既是指引方向的智慧导师，也是共享喜怒哀乐的挚友。这意味着，辅导员不仅要以师者的身份传授知识，更需以朋友的身份去深刻理解、耐心倾听，真诚关怀和无私援助每一名学生。面对复杂多变的特殊情境与敏感议题，辅导员需具备高度的同理心，学会设身处地为学生着想，以一颗诚挚之心相待。唯有如此，方能赢得学生的深切信赖，构建起心灵的桥梁，让学生感受到被看见、被听见、被理解的力量。在这样的亲密关系中，辅导员能更有效地引领学生跨越难关，助其于逆境中找回自信、于挑战中锤炼能力，最终让青春的航船在正确的航道上乘风破浪，不负青春韶华，绽放璀璨光芒。

案例十六：因材施教，有效引导——关于学生在网络发表不正当言论的谈心谈话案例

一、案例背景

小李，男，大二学生，性格开朗，热衷于在社交网络和媒体上活跃，乐于分享从日常趣事到深刻见解的各类内容，展现了年轻人的活力与思考。然而，近期他在个人微博上所发表的政治敏感话题言论，不慎越过了言论自由的合理边界，不仅触动了公众敏感的神经，也意外地将自己置于了舆论的风口浪尖。这些不当言论不仅可能误导他人，更让小李本人面临名誉受损及未来发展受阻的风险。经过深入沟通，发现小李对言论后果的认知尚显不足，他并未意识到这些言论的严重性，反而以为那只是个人看法的自然流露。

本次谈心谈话的目的是帮助小李认识到网络言论的责任与影响，引导其树立正确的网络言论观，并学会在公共平台上文明表达个人意见。

二、谈心谈话过程

辅导员在面对小李这一网络发表不正当言论的案例时，遵循了严谨而细致的工作过程，以确保既能有效纠正其行为，又能引导其健康成长。

（一）前期准备

1. 深入调查，明确"病因"

首先，辅导员意识到每一名学生的行为背后都有其特定的原因和动机。因此，通过多渠道收集信息（小李的社交媒体动态、与同学和教师的交流情况等），力求全面了解小李的思想动态和行为背景。辅导员通过细致分析发现，小李对网络言论自由的边界认识模糊、对政治敏感话题的敏感性不足是导致其发表不当言论的根本原因。

2. 明确态度，制订计划

在充分掌握情况后，辅导员明确了自己的态度——必须坚决纠正小李的错误行为，同时引导其正确认识网络言论的责任与影响。为此，制订了详细的谈心谈话计划，包括谈话的主题、目标、方式以及可能遇到的挑战和应对策略。

3. 准备材料，营造氛围

为了确保谈话的顺利进行，辅导员提前准备了相关案例、法律法规解读以及学校对于网络言论的管理规定等材料。同时，辅导员考虑到谈话的氛围营造，决定在一个安静、舒适的环境中进行，以便让小李能够放松心情，更好地接受引导。

（二）谈话过程

1. 观察状态，建立信任

在谈话开始时，辅导员首先观察了小李的状态，发现他既有些紧张又带着一丝不以为意。辅导员通过亲切的问候和轻松的话题引入，逐渐消除了他的紧张情绪，并建立起了一定的信任关系。

> 辅导员：小李，看你好像有点紧张，是有什么心事吗？不用担心，就是随便聊聊，不要有什么压力。
>
> 小李：（勉强挤出一丝笑）嗯，其实也没什么，就是突然被叫来谈话，有点不知所措。
>
> 辅导员：（微笑着拍拍他的肩膀）很正常，很多人都会有这样的感觉。我们先从轻松的话题开始吧，比如最近你看了什么有趣的新闻或电影？

一番闲聊后，小李的表情明显放松了许多。

2. 引入话题，引导反思

在建立信任的基础上，辅导员自然地引入了网络言论的话题，通过讲述相关案例和法律法规解读，让小李意识到其言论的严重性和可能带来的后果。同时，引导他反思自己的行为，思考是否真正了解网络言论的边界和责任。

> 辅导员：聊完这些，我想跟你谈谈关于网络言论的话题。最近网络上有些言论引起了不小的风波，你有没有注意到？
>
> 小李收敛了笑容：嗯，看到了一些，但我没参与。
>
> 辅导员：很好，保持这种警惕性很重要。不过，你知道吗？即使是旁观者，我们的一些无心之言也可能被误解或放大，带来不必要的麻烦。我给你讲讲之前发生的几个案例吧……

通过案例讲解和法律法规解读，小李开始眉头紧锁，显然对自己的言行有了更深的认识。

3.深入交流，挖掘原因

在引导小李反思的过程中，辅导员耐心地倾听小李的想法和感受，鼓励他表达真实的自我。通过深入交流，辅导员了解到小李对政治敏感话题的敏感性不足，以及他对网络言论自由的误解。针对这些原因，辅导员进行了有针对性的引导和纠正。

> 辅导员：听完这些，你是怎么想的呢？你觉得为什么有些人会做出这样的行为？
>
> 小李：（沉思片刻）可能是因为我觉得网络是自由的，想说什么就说什么，没太考虑后果。
>
> 辅导员：我完全理解你的感受，网络确实提供了前所未有的表达空间。但自由也是有边界的，它不能成为伤害他人或破坏社会和谐的借口。你对政治敏感话题的敏感度不高，这也很正常，毕竟你是在学习和成长的过程中但需要不断学习和提升，对吧？

4.提出要求,明确方向

在充分了解小李的思想动态和行为原因后,辅导员向他提出了明确的要求:立即删除不当言论,并在未来发表言论时严格遵守法律法规和学校规定。同时,辅导员鼓励他积极参与学校的思想政治教育和网络素养提升活动,不断提升自己的思想觉悟和道德水平。

> 辅导员:基于这些,我希望你能做到两件事:一是立即删除那些可能引起误解或争议的言论,避免产生进一步的负面影响;二是以后在网络上发言时,一定要三思而后行,尊重他人,遵守法律法规和学校规定。
>
> 小李:(点头)我明白了,我会照做的。同时,我想参加一些思想政治教育和网络素养的课程,提升自己。
>
> 辅导员:非常好,这个决定很明智。我也会帮你留意相关的活动和资源。

5.跟踪反馈,持续关注

谈话结束后,辅导员并没有立即结束对小李的关注。相反,定期与他进行沟通和交流,了解他的思想动态和行为变化。同时,辅导员与学校的相关部门保持密切联系,共同关注小李的成长和发展情况。通过持续的关注和引导,小李逐渐认识到了网络言论的责任与影响,并在学习和生活中展现出了更加积极向上的面貌。

几个月后,小李和辅导员再次坐在了一起。

> 辅导员:小李,最近感觉怎么样?有没有参与什么有意思的活动?
>
> 小李:(满脸笑容)老师,我参加了几次网络素养的讲座,还加入了学校的政治学习小组。现在我对很多事情都有了更深刻的理解,发言前也会更加谨慎了。
>
> 辅导员:太好了,看到你的成长我很欣慰。记住,网络虽大广,但责任更重。保持这份觉悟,你会越来越优秀的。

三、工作成效

1. 有效纠正网络言论行为

通过本次谈心谈话，小李深刻认识到自己网络言论的失当之处，并立即删除了不当言论，有效遏制了不良舆论的进一步发酵。他逐渐学会了在公共平台上文明表达个人意见，成为网络空间中的正面力量。

2. 增强责任感与法律意识

小李不仅认识到了网络言论的责任与影响，还主动学习了相关法律法规和学校管理规定，增强了自身的法律意识和责任感。他开始积极参与学校的思想政治教育和网络素养提升活动，不断提升自己的思想觉悟和道德水平。

3. 促进个人成长与发展

此次事件成为小李成长道路上的一个重要转折点。他学会了反思自己的行为，并在辅导员的引导下逐渐形成了正确的网络言论观。这种成长不仅体现在网络言论上，而且渗透到他的日常学习和生活中，展现出更加积极向上的面貌。

4. 增进师生信任与沟通

通过本次谈心谈话，辅导员与小李之间建立了更加深厚的信任关系。小李愿意向辅导员敞开心扉，表达内心的真实想法和感受。这种信任与沟通为辅导员后续的工作提供了有力支持，也为学生工作的顺利开展奠定了坚实的基础。

5. 发挥示范引领作用

小李的转变和成长在同学中产生了积极影响。他用自己的经历教育和警醒其他同学，提醒大家在网络空间中，要谨言慎行，共同维护网络环境的和谐与稳定。这种示范引领作用有助于形成积极向上的校园网络文化氛围。

四、感悟启示

1. 传统谈心谈话方式的重要性

在信息化时代,虽然网络沟通方式便捷多样,但传统的面对面谈心谈话方式仍然具有不可替代的优势。它能够更直接地观察学生的情绪变化,建立更加深厚的信任关系,从而更有效地引导学生健康成长。辅导员应充分发挥这一传统方式的优势,与学生进行深入的交流和沟通。

2. 个性化关怀与引导的必要性

每名学生都是独一无二的个体,他们的思想动态和行为表现各不相同。因此,在处理学生问题时,辅导员应坚持个性化关怀与引导的原则,深入了解学生的具体情况和需求,制订有针对性的解决方案。只有这样,才能真正做到因材施教、因人施策。

3. 持续跟踪与反馈的重要性

谈心谈话并非一蹴而就的过程,而需要持续跟踪与反馈。辅导员应定期与学生进行沟通和交流,了解他们的思想动态和行为变化,及时发现问题并予以解决。同时,应与学校相关部门保持密切联系,共同关注学生的成长和发展情况。这种持续跟踪与反馈机制有助于确保谈心谈话效果的持续性和有效性。

4. 注重学生自我反思与成长

在引导学生健康成长的过程中,辅导员应注重学生自我反思与成长的作用。通过引导学生反思自己的行为和言论,帮助他们认识到自己的错误和不足。同时,鼓励学生积极参与各种有益的活动和课程,不断提升思想觉悟和道德水平。这种自我反思与成长的过程将伴随学生一生,成为学生不断前进的动力源泉。